Rainer Oswald

Mängel, Schäden, Streitigkeiten

Typische Schwachstellen bei Außenwänden

db
das
buch
DVA

db – das buch,
Buchreihe der Zeitschrift db – deutsche bauzeitung
Herausgegeben von Ursula Baus und Wilfried Dechau

Die Deutsche Bibliothek – CIP-Einheitsaufnahme

Oswald, Rainer:
Mängel, Schäden, Streitigkeiten: typische Schwachstellen
bei Außenwänden / Rainer Oswald.
Stuttgart : Deutsche Verlags-Anstalt, 1997
(db – das buch)
ISBN 3-421-03148-7

Lektorat: Andrea Bartelt
Satz: Dorner GmbH, Aichwald
Druck und Bindung: Jütte Druck, Leipzig
Printed in Germany
ISBN 3-421-03148-7

Inhalt

Wer den Schaden hat,...

Auf der Suche nach dem Stichwort »Bauschäden« hatte ich für einen winzigen Moment den naiven Wunsch, den Begriff im Brockhaus nicht zu finden – als ob damit das Phänomen selbst aus der Welt wäre. Welch ein Irrtum. Aber hatten Sie diesen Wunschtraum – angesichts nerviger Streitereien und drohender Gerichtstermine – nicht auch schon mal?

Leider sieht die Wirklichkeit sehr viel anders aus. Recherchiert man im Internet nach dem Begriff »Bauschäden«, kommt man mit dem Suchprogramm »Yahoo« zum Beispiel auf 175 »Treffer«.

Klickt man sich weiter an die Sache heran, stößt man zum Beispiel auf »Schadis«, eine Volltextdatenbank zum Thema Bauschäden (http://www.irb.fhg.de/cd-rom/schadis.htm),

– oder man landet bei einer Liste von 63 verschiedenen Fachbüchern zu den Rubriken »Schadenfreies Bauen«, »Bauschädensammlung« und »Bauforschung für die Praxis« (http://www.irb.fhg.de/irb/verlag/fachbuch.htm),

– oder man kann sich über das Sachverständigenwesen informieren (http://www.aknw.de/ak3/ak3212.htm),

– oder Einsicht in den Bauschadensbericht der Bundesregierung nehmen (http://www.bundestag.de/wib97/597208.htm).

Ähnlich sieht es bei »Fireball« aus. Dort finden sich 271 Hinweise. Prima. Doch erst im größeren Zusammenhang wird klar, welche Tragweite die nackten Zahlen haben. Der Schock kommt quasi durch die Hintertür: Die Recherche zum Beispiel nach dem Begriff » Architektur« fördert nicht mehr Treffer zutage als beim Stichwort »Bauschäden« (bei »Yahoo« 226, bei »WebDe« 206). Das ist bedrohlich. Übers Surfen zur Sache: »Bauschäden, Schäden, die an einer baulichen Anlage infolge unterlassener Unterhaltung oder durch äußere Einwirkungen (Wasser, Sturm, Brand, Erdbeben usw.) entstanden sind.

Demgegenüber ergeben Baumängel Schäden, die ihre Ursache in einer mangelhaften Bauausführung haben, z. B. in fehlender Isolierung gegen Feuchtigkeit, schlechten Baustoffen.« (Brockhaus-Lexikon, 1989)

Der äußerst knappe Text läßt – in der feinsinnigen Unterscheidung von Bauschäden und -mängeln – erkennen, wo in der Praxis der Schuh am meisten drückt: Ganze Heere von Juristen müssen von Fall zu Fall darüber entscheiden, ob die »Unterhaltung unterlassen« wurde oder die »Bauausführung mangelhaft« war – oder gar beides. Es geht dabei keineswegs um peanuts, sondern jährlich um Milliardenbeträge.

Der Bauausschuß des Bundestags weiß dafür auch sogleich eine Erklärung: »Mangelnde Ausbildung verursacht Bauschäden«, oder, im Klartext:

»Der Bundestag hat sich am 13. März der Empfehlung der Bundesregierung nach einer langfristig angelegten und systematischen Instandhaltung, Instandsetzung und Modernisierung von Gebäuden angeschlossen. ...Schon die ersten beiden Gebäudeschadensberichte hätten dazu aufgefordert, Planern und Bauausführenden in der Ausbildung verstärkt bautechnische, bauphysikalische und ökologische Zusammenhänge zu vermitteln. Der dritte Bericht weise nochmals darauf hin, daß unwirtschaftliche und unterlassene Instandsetzungen und Modernisierungen zum großen Teil ihre Ursachen in mangelhafter Ausbildung von Architekten und Ingenieuren sowie Handwerkern auf diesem Gebiet hätten. ...Nach Ansicht des Bauausschusses werfen jährlich vermeidbare Bauschäden in Höhe von 6,7 Milliarden DM, von denen die Hälfte auf Fehlleistungen bei Instandsetzung und Modernisierung entfallen, ein schlechtes Licht auf die Ausbildung.« (Bauschadensbericht, siehe oben)

Die Ohrfeige sitzt. Ob sie richtig adressiert ist, sei einmal dahingestellt. Natürlich liegt die Schuld nicht allein bei Architekten und Ingenieuren (das räumt ja auch der Bauschadensbericht ein), aber sie könnten in Zukunft durch Sachkenntnis und Kompetenz entscheidend dazu beitragen, das womöglich selbst verschuldete Mißtrauen wieder zu entkräften. An den Erfahrungen des db-Autors Rainer Oswald zu partizipieren, dessen Bauschadens-Serie seit 1990 zum festen Bestandteil der db gehört, ist ein empfehlenswerter Schritt.

Wilfried Dechau

Bauschäden sind der Rede wert

Der Deutsche Bundestag befaßt sich seit 1983 periodisch mit den Fehlleistungen beim Bauen, die 1992 bei Neubauten 3,4 Milliarden DM und bei Bauleistungen im Bestand 3,3 Milliarden DM Nachbesserungskosten verursachten. Außenwände weisen mit 32 bzw. 37 % die meisten Schwachstellen auf und sind daher auch Gegenstand dieses Bands.

Weder alarmierende Zahlen noch wohlgemeinte Appelle haben in den letzten 15 Jahren viel bewirkt. Die tieferen Ursachen von Bauschäden liegen nämlich in vielen unterschiedlichen gesellschaftlichen Bereichen, und hier etwas zu bewegen, ist fast unmöglich. Die Gründe für diesen Stillstand sind ebenfalls vielfältig – beispielhaft möchte ich die Motive für das

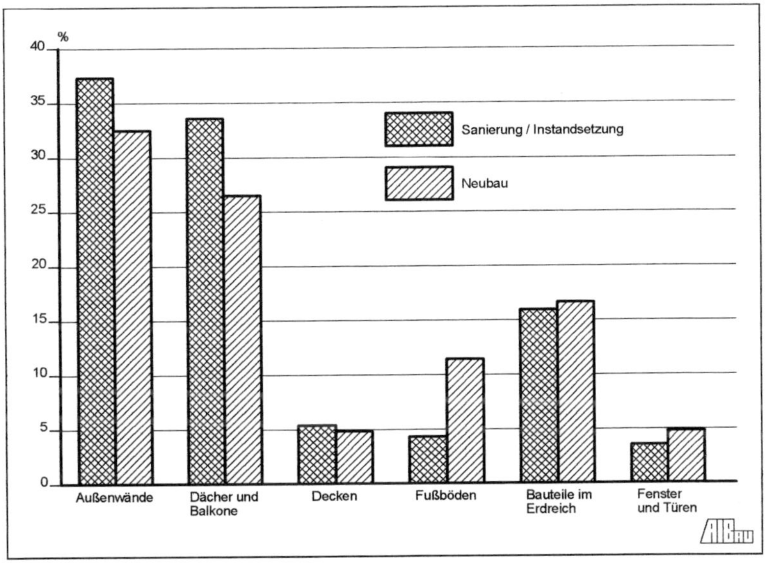

1

1 Prozentualer Anteil der Bauteilgruppen an der Gesamtheit aller Schäden bei Arbeiten im Bestand bzw. bei Neubauten (AIBAU)

Verhalten der Berufsgruppe der Architekten und Ingenieure zum wichtigen Problemkreis der Aus- und Fortbildung herausgreifen:

Der Anteil der Lehrveranstaltungen zum Thema des schadenfreien Bauens ist – von einigen rühmlichen Ausnahmen abgesehen – viel zu gering. Die Kultusbehörden fühlen sich hinsichtlich einer Umstrukturierung der Lehrpläne nicht angesprochen. Da eine Vergrößerung des Lehrangebots nicht diskutabel ist, müßten derzeitig umfangreiche gelehrte Fachgebiete minimiert werden. Welcher Hochschullehrer ist aber bereit, sein Fachgebiet beschneiden zu lassen, und welche Fakultät unternimmt die mühevolle Arbeit, gegen den Willen eines Teils ihrer Mitglieder Neuerungen einzuleiten? So bewegt sich fast nichts.

Die für die Fortbildung verantwortlichen Standesorganisationen der Architekten und Ingenieure – die Kammern – tragen, wiederum von rühmlichen Ausnahmen abgesehen, wenig Konstruktives bei. Auf die Imagepflege in der Massengesellschaft fixiert, wird selbst jede Nennung des Worts »Bauschaden« vermieden und jede Kritik an Fehlleistungen unserer Berufsgruppe aus den eigenen Reihen als Nestbeschmutzung abgetan. Wie bei Interessenvertretern in Deutschland wohl allgemein üblich, wird Aktivität im wesentlichen im Hinblick auf die Schuldzuweisung gegenüber anderen entwickelt. Die öffentliche Diskussion zum dritten Bauschadensbericht im September 1995 hat dies bis zum Überdruß deutlich gezeigt.

Verbesserung ist nur durch die Einsicht und Aktivität des Einzelnen zu erwarten. Deshalb sind auch Veröffentlichungen über Bauschäden sinnvoll.

Mit der sehr umfangreichen »Bauschadensammlung« (Hrsg. G. Zimmermann) liegt eine große Zahl von gut dokumentierten Bauschadensfällen aus allen Bereichen des Bauens vor. Der Verfasser hat als Mitautor der fünfbändigen »Schwachstellen«-Buchreihe die typischen Schadensbereiche des konventionellen Hochbaus systematisch untersucht und kommentiert und Empfehlungen zur Schadensvermeidung formuliert. In den seit 25 Jahren erscheinenden Tagungsbänden der vom Verfasser seit einem Jahrzehnt geleiteten »Aachener Bausachverständigentage« sind in Aufsätzen zu fast allen für die Bauschadenproblematik wichtigen Wissensgebieten die physikalischen und chemischen sowie technischen Zusammenhänge beschrieben. Warum also eine weitere Veröffentlichung zum Bauschadensthema?

All diese Informationsquellen dokumentieren den baupraktischen Erfahrungsschatz und den technischen Wissenshintergrund, der erforderlich ist, um Schäden zu vermeiden. Ausgespart bleiben die tieferen, nichttechnischen Ursachen von Baustreitigkeiten. Seit 1990 bin ich daher bemüht, in der Artikelserie »Schwachstellen – Erscheinungsbilder und Ursachen häufiger Bauschäden« in der deutschen bauzeitung anhand von konkreten Fällen auch diesen tieferen Ursachen nachzugehen und sie kritisch darzustellen. 17 überarbeitete und aktualisierte Beiträge zum Themenkomplex der Außenwände sind in diesem Band zusammengefaßt. Die Gliederung erfolgte nach bautechnischen Gesichtspunkten und erfaßt die wichtigsten Außenwand-Querschnittskonstruktionen:

- Einschalige Sichtkonstruktionen
- Verputzte Außenwände
- Wärmedämmverbundsysteme
- Zweischalige Verblendschalenkonstruktionen
- Fertigteilbau und Vorhangfassaden

Die Gliederung hätte aber auch nach den angesprochenen Gruppen der tieferen Bauschadensursachen erfolgen können: Wie bei Fassaden aufgrund ihrer wesentlichen optischen und gestalterischen Funktion nicht anders zu erwarten, drehen sich viele Beiträge um den Problemkreis der formalen Ziele und der technischen Notwendigkeiten: Wie weit sind aus formalen Gründen eingegangene, erhöhte technische Risiken akzeptabel? Muß ein Widerspruch zwischen den formalen Wünschen und den technischen Anforderungen bestehen? Auf diese Fragen wird im Zusammenhang des Sichtmauerwerkbaus, der Verblendschalen und der Wasserführung auf Fassaden aus unterschiedlicher Perspektive eingegangen.

Ein weiterer großer Themenkomplex befaßt sich mit der Verbindlichkeit von Normen und Zulassungen und mit der Rolle der allgemein anerkannten Regeln der Bautechnik. Die Frage nach dem Umgang mit Neuentwicklungen und nach der richtigen Einschätzung der Praxisbewährung hängt damit eng zusammen.

Immer wieder müssen die durch mangelhafte Produktinformationen hervorgerufenen Probleme angesprochen werden. Unter den heutigen wirtschaftlichen Bedingungen des Bauens ist ein wesentlicher Aspekt der Kostendruck auf alle am Bau Beteiligten, der im Schadensfall in aller Regel nicht als Entschuldigung entlastend aufgeführt werden kann und trotzdem sehr häufig letztlich schadensursächlich ist.

Auch Vorurteile über die Leistungsfähigkeit bestimmter Bauweisen oder die Denkfaulheit im täglichen Planungsalltag stellen tiefere Bauschadensursachen dar, auf die eingegangen wird.

Wie besonders gut am Beispiel der Schimmelpilzschäden erkennbar wird, spielen schließlich allgemeinpolitische Fehlentwicklungen eine wichtige Rolle. Ein überzogenes Anspruchsdenken und die fehlende Bereitschaft, die Alterung von Bauteilen und die daraus resultierende Notwendigkeit einer systematischen Bauunterhaltung zu akzeptieren, ist weiterhin eine häufige Ursache nicht notwendiger Baustreitigkeiten, auf deren Hintergründe eingegangen wird.

Wie der Titel dieses Bandes zeigt, geht es hier nicht nur um **Schäden** – also negative Veränderungen von Bauteileigenschaften wie Rißbildungen, Ablösungen, Korrosionserscheinungen und Durchfeuchtungen, sondern auch ganz wesentlich um **Mängel** – also negative Abweichungen vom vertraglich vereinbarten oder vom allgemein üblichen Sollzustand – von Bauleistungen, die nicht zwangsläufig zu Schäden führen müssen. Nach meinen Beobachtungen sind Mängel ebenso häufig der Anlaß von Auseinandersetzungen wie Schäden. Schließlich geht es um **Streitigkeiten** über Sachverhalte, die weder als Schäden noch Mängel zu beurteilen sind. Solche eigentlich vermeidbaren Querelen belasten den Berufsalltag des Architekten und Ingenieurs erheblich und sind deshalb ebenfalls der Rede wert.

Allgemeine Aspekte zu Fassaden

Allgemeine Bauschadensursachen
Beispiel Sichtbetonschäden

Es ist wichtig, über Bauschäden zu berichten. Beim großen Interesse an solchen Berichten spielt sicher auch die Schadenfreude über Fehlleistungen von Berufskollegen eine Rolle. Sensationsmache darf aber nicht Zweck von Bauschadensberichten sein. Das sieht jeder ein, der sich in die Lage der Betroffenen versetzen kann; und – Hand aufs Herz – welcher selbstkritische Praktiker ist sicher, nicht vielleicht schon morgen selbst in Bauschadensprobleme verwickelt zu sein?

– Bauschäden offenbaren die tatsächlichen Leistungsgrenzen von Bauweisen auf dem langjährigen Prüfstand der Bauwirklichkeit;
– Bauschäden zeigen die häufig mangelnde Übereinstimmung zwischen dem theoretisch Richtigen und dem praktisch Funktionsfähigen;
– Bauschäden verdeutlichen die Konsequenzen risikoreicher Planungsentscheidungen unter Zeit- und Kostendruck;
– Bauschäden lassen erkennen, welche Bauweisen aufgrund eines unzureichend ausgebildeten und motivierten Baustellenpersonals nicht praktikabel sind;
– Bauschäden demonstrieren den Widerspruch zwischen den Versprechungen der Werbung über neue Bauprodukte und deren tatsächlicher Leistungsfähigkeit.

An Bauschäden werden diese und andere Probleme nicht in grauer Theorie, sondern handgreiflich und offensichtlich deutlich. Darum sollten sie immer wieder gezeigt und veröffentlicht werden.

Dieser Auffassung wird oft entgegengehalten, daß eine solide Kenntnis der Baustoffe, der Bauphysik, der Baukonstruktion, des Baubetriebs usw. die ausführliche Beschäftigung mit Bauschäden überflüssig mache und die öffentliche Diskussion schließlich einen ganzen Berufszweig in Mißkredit bringe.

Dabei wird übersehen, daß die meisten Bauschäden nicht das Problem einer Fachdisziplin sind, sondern durch das mangelhafte Zusammenspiel aller Disziplinen entstehen; das Scheuklappendenken der Einzeldisziplinen trägt erheblich zum Umfang der Schäden bei.

Wer sich intensiv mit der Bauschadensproblematik beschäftigt, muß daher Kenntnisse aus vielen Teilbereichen des Bauens zusammentragen und im Zusammenhang sehen. Er muß sich daran gewöhnen, von den Spezialisten der Einzeldisziplinen naserümpfend beäugt, zwischen allen (Lehr-) Stühlen zu sitzen. Dort sitzt es sich allerdings, was die Gutachtenauftragslage angeht, komfortabel.

Systematische Bauschadensuntersuchungen zeigen, daß die überwiegende Zahl der Schäden auf wenige, aber immer gleiche Fehler und Fehleinschätzungen zurückzuführen ist. Über diese »Allerweltsschäden« muß daher immer wieder – auch auf die Gefahr der Wiederholung – berichtet werden.

Den vielfältigen Ursachen und Mechanismen liegt ein Schema zugrunde, das es zu erkennen gilt, will man die Bauschadensursachen bis zu den Wurzeln freilegen.

Am Beispiel von Sichtbetonschäden geht es mir weniger um altbekannte physikalische und chemische Ursachen dieses Schadenstyp, als vielmehr darum, die für alle Bauschäden typische Ursachenstruktur zu erläutern.

Schadensbild und schadensauslösende Vorgänge:
Die auf Kragkonsolen aufgelagerten Loggiaplatten einer größeren Wohnanlage wiesen acht Jahre nach der Fertigstellung an etwa 90 % der vorderen Randbalken Betonabplatzungen und Rostfahnen über den Bewehrungsbügeln auf (Bilder 1, 2).
Die dieses Schadensbild hervorrufenden chemischen und physikalischen Vorgänge seien hier kurz skizziert:
– Die sichtbaren Abplatzungen sind die Folgen einer mit Volumenvergrößerung verbundenen Rostbildung auf der Oberfläche der Stahlbewehrung.

1

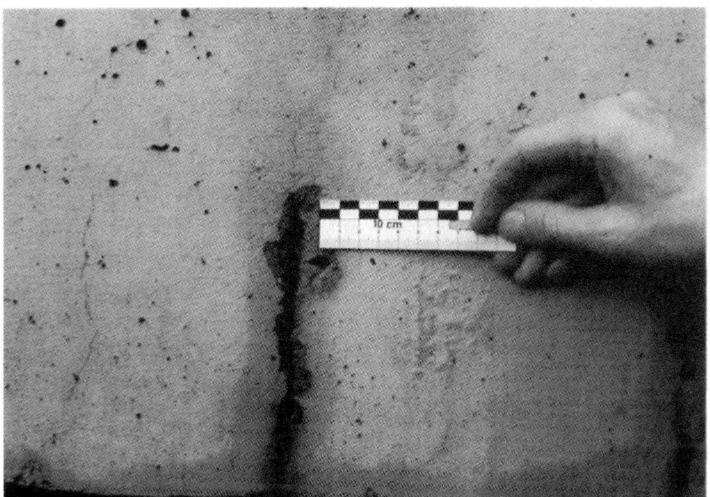

2

1 Die Bügel zeichnen sich am Loggia-Randbalken ab
2 Nahaufnahme der Betonabplatzung. Die Rostbildung am Bügel ist gut erkennbar

– Diese Rostbildung wird möglich, da Sauerstoff und Wasser an den Stahl gelangen, dessen Oberfläche nicht mehr durch die Alkalität des umgebenden Betons passiviert ist.
– Die Alkalität des Betons im Bereich der Stahlbewehrung ist aufgehoben, da das Kohlendioxid der Luft das für das alkalische Milieu ursächliche Kalziumhydroxid bis in die Tiefe der Stahlbewehrung in Kalkstein verwandelt hat.

Die Geschwindigkeit dieses als »Karbonatisierung« bezeichneten Prozesses ist – wie die Bilder 3 und 4 zeigen – von der Menge des vorhandenen Kalziumhydroxids, und damit von der Zementart und -menge, und von der Dichtigkeit des Betons gegenüber Kohlendioxid (Kohlendioxid-Diffusionswiderstand) abhängig. Diese wird wiederum durch die Porosität bestimmt, die wesentlich vom Wasserzementwert abhängt.

Die Diagramme zeigen auch, daß die Karbonatisierung – Gott sei Dank – nicht mit gleicher Geschwindigkeit in die Tiefe fortschreitet, sondern sich immer weiter verlangsamt, da karbonatisierter Beton dichter ist und der Diffusionswiderstand mit der Dicke der karbonatisierten Zone zunimmt. Der Stahl ist dauerhaft geschützt, wenn er während der üblichen Standzeit außerhalb der karbonatisierten Zone liegt oder wenn – was in normal genutzten Innenräumen die Regel ist – die relative Luftfeuchte im Bereich des Stahls so niedrig ist, daß der Korrosionsprozeß nicht einsetzt.

Es ist für alle Bauschäden typisch, daß am Ende einer Ursachenkette eine Reihe physikalischer und chemischer Vorgänge die sichtbaren Schäden auslösen. Ein besonderes Problem der Sichtbetonschäden ist, daß sie oft erst nach Ablauf der Gewährleistungsfristen erkennbar werden.

Die beschriebenen Schadensbilder sind die Folgen von Mängeln, die bereits bei der Abnahme des Gebäudes vorhanden waren. Aus den beschriebenen Zusammenhängen ergibt sich, daß entweder eine unzureichende Dichtigkeit des Betons oder eine ungenügende Betonüberdeckung als Ursache in Frage kommen.

An offenen Schadstellen (Bild 2) und an aufgestemmten Flächen sowie mit Hilfe eines Überdeckungsmeßgeräts konnte festgestellt werden, daß die Bügel meist nur 5–10 mm Beton-

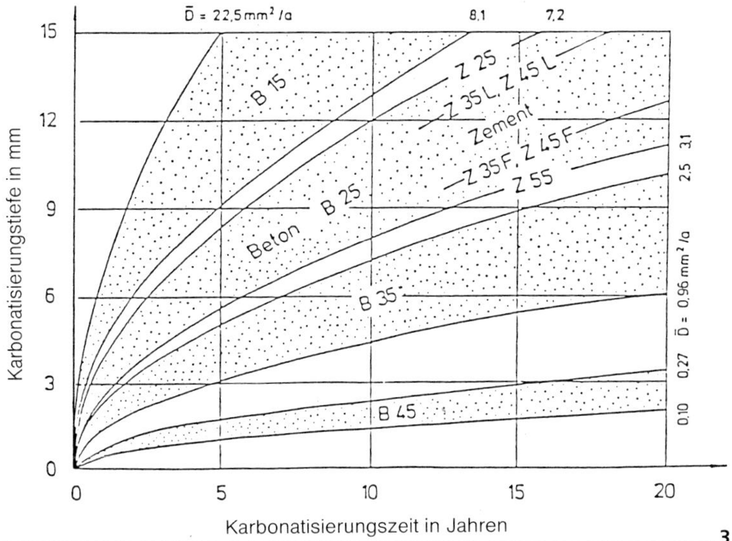

3

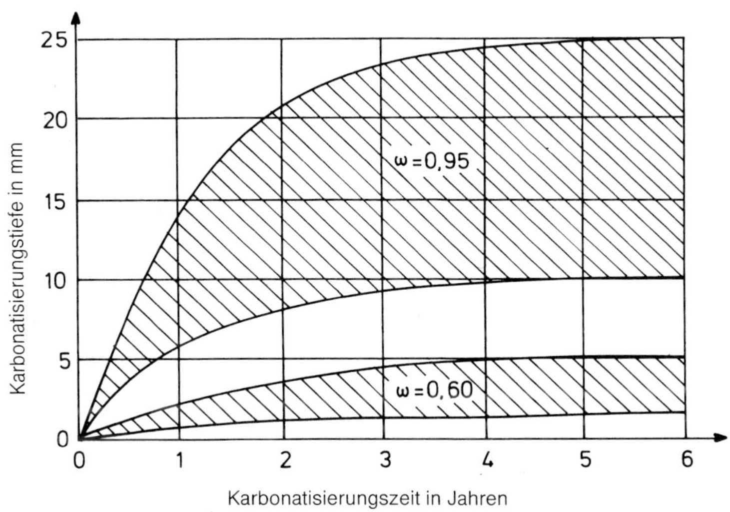

4

3, 4 Zunahme der Karbonatisierungstiefe in Abhängigkeit von der Festigkeitsklasse (Bild 3) und dem Wasserzementwert (Bild 4)

überdeckung aufweisen. Die zur Bauzeit gültige Fassung der Stahlbeton–Norm (DIN 1045 vom August 1972) forderte für den hier verwendeten Beton (Bn 300) eine Mindestüberdekkung von 20 mm.

Einige Anmerkungen zum Verhalten der am Bau beteiligten Personen:

Ein erster Blick auf die Schalpläne (Bild 5) verleitet zu der Annahme, daß mit dem vorgesehenen Überdeckungsmaß von 3 cm von der Planungsseite alles getan wurde, um das in der Norm geforderte Mindestmaß von 2 cm sicher zu erreichen – ein Blick in die Statik zeigt jedoch, daß in dem in der Höhe der Bewehrung etwa 21 cm breiten Randbalken aufgrund der großen Spannweite der Einfeldplatten vier Eisen mit 22 mm Durchmesser und zwei Bügel mit 8 mm Durchmesser untergebracht werden mußten. Das ist unter Einhaltung der erforderlichen Stababstände nur mit 2 cm Betonüberdeckung realisierbar. Das Planungskonzept ist also widersprüchlich, bleibt aber noch in den durch die damalige Norm gesetzten Mindestgrenzen. Die tatsächliche Ausführung von nur 5-10 mm Überdekkung ist demnach in erster Linie als Ausführungsmangel zu bewerten. Spätestens beim Einbau der Eisen hätten die unterschiedlichen Angaben zwischen Überdeckungsmaß der Pläne und dem tatsächlichen Platzbedarf der Bewehrung erkannt werden müssen.

Ob es zum Zeitpunkt der Planung in der ersten Hälfte der siebziger Jahre trotz der Übereinstimmung mit der damals gültigen Norm auch als Planungsfehler einzustufen ist, nicht konsequent mit einem Nennmaßzuschlag zur Berücksichtigung bauüblicher Toleranzen zu arbeiten, habe ich im vorliegenden Fall bejaht – darüber läßt sich jedoch diskutieren.

Mit der Darstellung der Ursachenabfolge
– physikalische/chemische Vorgänge,
– bauliche Situation (Mangelzustände),
– Fehlverhalten der am Bau Beteiligten
ist die Aufgabe des üblichen Bauschadensgutachtens erfüllt. Damit sind aber für die Schadensverhütung wesentliche Ursachenaspekte bei weitem noch nicht angesprochen.

Die umfangreichen Sichtbetonschäden, von denen heute ein ganzer Berufszweig lebt, deuteten sich bereits vor 20 Jahren an. Wie das Diagramm (Bild 3) zeigt, reicht die in der alten Stahl-

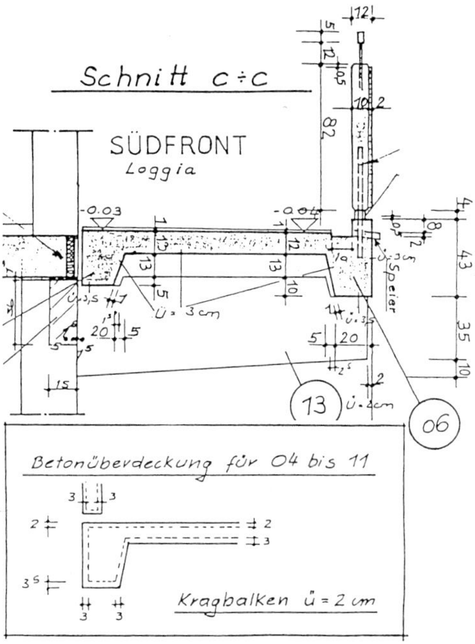

5

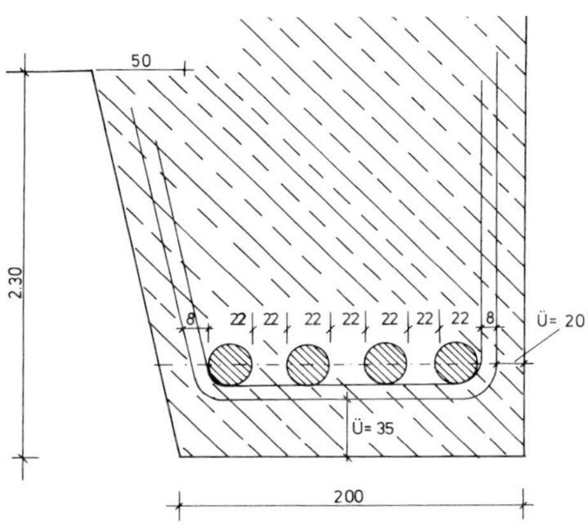

6

5 Auszug aus den Schalplänen
6 Tatsächlicher Platzbedarf der Bewehrung läßt nur eine Überdeckung von 20 mm zu

7 Auszug aus DIN 1045 Beton und Stahlbeton. Oben: Ausgabe Januar 1972; unten: Ausgabe Juli 1988

Mindestmaße der Betondeckung, bezogen auf die Umweltbedingungen, in cm

1	2	3	4	5	6
Umweltbedingungen	Ortbeton und Fertigteile Bn 150≥		Bn 250		werkmäßig hergestellte Fertigteile ≥ Bn 350
	allgemein	Flächentragwerke°)	allgemein	Flächentragwerke°)	
Bauteile im Freien und Bauteile, zu denen die Außenluft ständig Zugang hat, z.B. in offenen Hallen und auch in verschließbaren Garagen.	2,5	2,0	2,0	1,5	1,5

Maße der Betondeckung in cm, bezogen auf die Umweltbedingungen (Korrosionsschutz) und die Sicherung des Verbundes

1	2	3	4
Umweltbedingungen	Stabdurchmesser d_1 mm	Mindestmaße für ≥ B 25 min c cm	Nennmaße für ≥ B 25 nom c cm
Bauteile im Freien. Bauteile in geschlossenen Räumen mit oft auftretender, sehr hoher Luftfeuchte bei üblicher Raumtemperatur, z.B. in gewerblichen Küchen, Bädern, Wäschereien, in Feuchträumen von Hallenbädern und in Viehstätten.	bis 25	2,5	3,5
Bauteile, die wechselnder Durchfeuchtung ausgesetzt sind, z.B. durch häufige starke Tauwasserbildung oder in der Wasserwechselzone. Bauteile, die »schwachem« chemischem Angriff nach DIN 4030 ausgesetzt sind.	28	3,0	4,0

beton-Norm aufgeführte Mindestüberdeckung von 20 mm (s. Tabelle 7, oben) zwar theoretisch aus. Um diesen Wert jedoch an jeder Stelle unter Berücksichtigung der üblichen Fertigungstoleranzen bei Schalung und Bewehrung zu gewährleisten, müssen größere Überdeckungsmaße eingeplant werden. Es handelt sich also um den typischen Widerspruch zwischen Theorie und Praxis.

Warum bedurfte es aber so vieler Jahre, bis schließlich in der Neufassung der Stahlbeton-Norm im Jahre 1988 (nach dem für den Praktiker wenig erfreulichen Umweg der Veröffentlichung von Empfehlungen, Merkblättern und Ergänzenden Bestimmungen in den Jahren 1981–1983) das Mindestmaß um 5 mm auf insgesamt 25 mm erhöht und zusätzlich ein Nennmaß (35 mm) für die Planung eingeführt wurde?

Ich fürchte, die Antwort kann nur lauten: Die an der Planung und Ausführung von Sichtbetonbauteilen Beteiligten waren nicht weiter betroffen, da die Schäden meist nach Ende der üblichen Gewährleistungsfristen auftraten. Erst nachdem die Schadenslawine eine ernsthafte Gefährdung des Rufs und des Absatzes von Beton bedeutete, wurde gehandelt. Hier liegen wohl die Wurzeln des Schadenproblems – ganz zu schweigen von den Zeit– und Kostenzwängen, die offenbar vorgelegen haben müssen, so daß beim dargestellten Schadensfall die Abmessungen der Unterzüge nicht mehr korrigiert werden konnten. Darüber läßt sich jedoch im nachhinein nur spekulieren.

Sie finden die Ursachenstruktur des beschriebenen Schadensfalls exemplarisch in Bild 8 dargestellt. Ich weiß, es macht Mühe, ein derartiges Schema nachzuvollziehen. Ich meine aber, der Aufwand lohnt sich.

Welche praktischen Konsequenzen sind aus dem dargestellten Schadensfall zu ziehen?

– Die Überdeckungswerte der vorliegenden Norm (im Normalfall ein Nennmaß von 35 und ein Mindestmaß von 25 mm) sind unbedingt einzuhalten. Als in der Praxis häufig übersehene Schwachstellen haben sich Schatten – und Tropfnuten auf der Unterseite von Gesimsen und Kragplatten erwiesen – gerade dort muß aber die Überdeckung gewährleistet sein.

– Die Einhaltung der Überdeckungsmaße ist peinlichst vor dem Betonieren zu prüfen. Besondere Schwachstellen sind

8 Struktur der Ursachen von Bauschäden

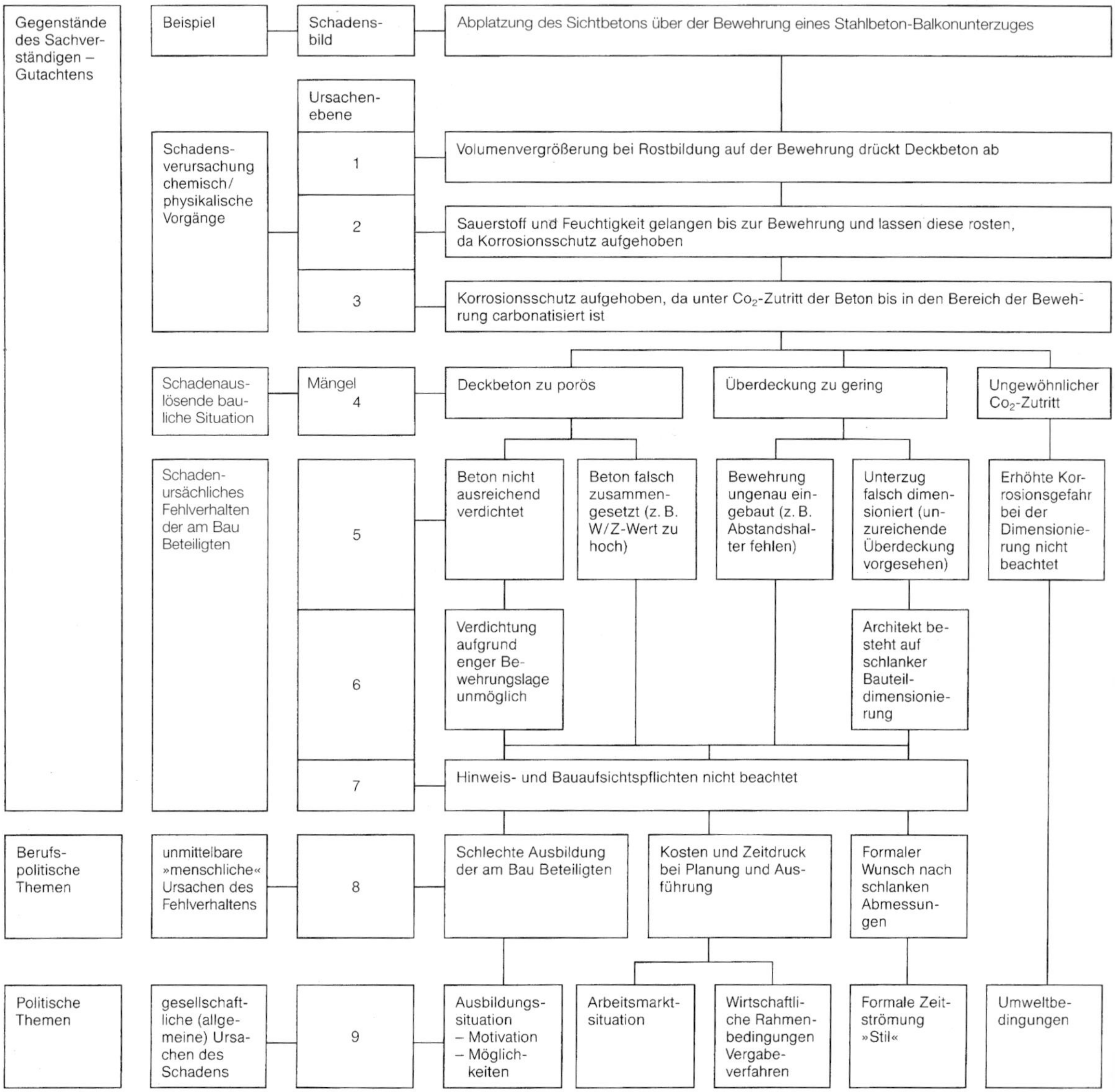

Bügelenden und Mattenüberlappungen. Was nützt die Kontrolle, wenn beim anschließenden Betonieren die Bewehrung niedergetreten oder verschoben wird? Daher auf Abstandshalter und Lagesicherung achten!
– Die beschleunigte Entwicklung von kostengünstigen und leicht zu bedienenden Geräten zur großflächigen Überprüfung und Dokumentation von Überdeckungsmaßen an ausgeführten Bauteilen sollte von der (öffentlichen) Bauherrenseite gefördert werden, damit Kontrollen bei der Abnahme die Regel werden, die die Unternehmen in der Zukunft zu sorgfältigerer Arbeit zwingen.
– Bei Sichtbetonarbeiten sollte im Einzelfall die Verlängerung der Gewährleistungsfrist erwogen werden. Aufgrund des sehr langen Zeitraums bis zum Offenbarwerden des Mangels im Abplatzungsschaden ist diese vertragsrechtliche Regelung jedoch fragwürdig. Am dargestellten Beispiel sollte demonstriert werden, daß Bauschäden nicht nur physikalische und technische Ursachen haben, sondern die nichttechnischen Ursachen wie Zeit– und Kostendruck oder formale Zielvorgaben mindestens ebenso wichtig sind.

Literaturhinweise

Wer sich mit umfangreichen Betonsanierungen weiter beschäftigen will, sollte – über meine stark vereinfachte Darstellung hinaus – genauere Kenntnisse über den Korrosionsmechanismus bei Stahlbeton haben. Hier verweise ich vor allen Dingen auf die Veröffentlichungen von P. Schießl (z. B. 3. Aachener Baustofftag 1989).

Meine Darstellungen zur notwendigen Betonüberdeckung sind selbstverständlich nicht für jeden Anwendungsfall vollständig. Für die Berücksichtigung von unterschiedlichen Stabdurchmessern, verschiedenen Festigkeitsklassen, Bauweisen und Beanspruchungssituationen muß man DIN 1045 – Beton und Stahlbeton, Juli 1988 – benutzen. Eine sehr ergiebige und kostengünstige Informationsquelle für die Erzielung einer ausreichenden Betonüberdeckung auf der Baustelle ist das Buch von Bayer u. a.: Beton-Praxis. Ein Leitfaden für die Baustelle, in: Schriftenreihe Bauberatung Zement, Betonverlag Düsseldorf.

Bild 3 wurde aus Klopfer, H.: Die Karbonatisation von Sichtbeton und ihre Bekämpfung, in: Bautenschutz und Bausanierung 3/78; Bild 4 aus Wesche, K.: Baustoffe für tragende Bauteile, Band 2 – Beton, Bauverlag Wiesbaden entnommen.

Form kontra Bauphysik

Wer bei der systematischen Beschäftigung mit Bauschäden nicht nur untersucht und beschreibt, sondern aus den Schadenserfahrungen Konstruktionsempfehlungen ableitet, dem wird von engagierten Architektenkollegen vorgehalten, daß mit regelgerechten Konstruktionsdetails keine »gute« Architektur machbar sei. So gab z. B. der Architekt Joachim Schürmann in einer Vortragsveranstaltung Aachener Architekturstudenten den Ratschlag, nicht zu sehr an die Bauphysik zu denken, da sie den Entwurf nur behindere.

Offensichtlich sind die Anforderungen des Feuchtigkeits– und Wärmeschutzes nicht einfach mit den formalen Vorstellungen der Architekten dieses Jahrhunderts in Einklang zu bringen. Von Le Corbusier und Architekten des Bauhauses ist bekannt, daß viele ihrer Projekte zwar schön sind, sich aber nicht als dauerhaft bewährt haben.

Unter dem schützenden Glasdach des Frankfurter Architekturmuseums hat Oswald M. Ungers einen Wunschtraum vieler Architekten verwirklicht: die reinweiße Urform des mitteleuropäischen Hauses in klaren Linien ohne die lästigen Dachüberstände, Fensterbänke und Sockel (Bild 1). Manchen anderen Entwürfen ist ebenfalls zu wünschen, daß sie nur als Architekturmodell im Maßstab 1:1 in klimatisierter Halle verwirklicht werden, da sie, der Witterung ausgesetzt, schlimme Schadensfolgen befürchten ließen.

Bei der Behandlung der tieferen Ursachen von Bauschäden dürfen nicht nur Kosten- und Zeitdruck, Unwissenheit und Fehleinschätzungen behandelt werden, sondern auch das aus formalen Gründen bewußt eingegangene Risiko ist eine wichtige allgemeine Schadensursache, zu der ich am Beispiel bekannter Gebäude Stellung nehmen möchte.

Unter der Devise Scheibe und Kubus betonen werden viele formal anspruchsvolle Gebäude entworfen. Betrachten wir z. B. Richard Meiers Museum für Kunsthandwerk in Frankfurt: weiße Wandscheiben, Kuben und Zylinder (Bild 2). Abdeckungen von Mauerkronen, Dachterrassenrändern und Brüstungen sind nur als schmale, die Kanten betonende Linien erwünscht; Abdekkungsüberstände werden daher ganz vermieden oder minimiert; Sockel fehlen ganz, da sie die Wirkung der Fläche beeinträch-

1

1 Das »Haus im Haus« im Frankfurter Architekturmuseum

2 Teilansicht des Museums für Kunsthandwerk in Frankfurt am Main
3 Verschmutzungen und Laufspuren unter den Abdeckungen
4 Verschmutzungen und Zerstörungen am Wärmedämmverbundsystem im Sockelbereich
5 Studio des SDR Mannheim, Spritzwasserschutz des Sockels durch Gitterrostrinne
6 Neue Pinakothek München/Eindunklungen unter den Mauerwerkskronen

tigen würden. Während im Bereich der hinterlüfteten Blechfassaden dieses formale Konzept ohne Schadensfolgen realisierbar war – Bleche sind mit geringem Platzbedarf überfalzbar und können Abdichtungsaufkantungen sicher überdecken –, waren die Folgen bei den mit Wärmedämmverbundsystemen versehenen Wandflächen schon nach fünfjähriger Standzeit unübersehbar.

Eine Natursteinplattenabdeckung von Terrassenrändern mit 1,5% Gefälle ohne Überstand reicht offensichtlich nicht aus, um vor allem an den Plattenfugen die Schmutzüberleitung auf die weißen Putzflächen zu verhindern (Bild 3). Eine 1 cm hohe Aufkantung und ein Überstand von 2 cm am oberen Rand der Abdeckung hätten das Problem gelöst.

Ähnliches gilt für die Blechabdeckungen der Brüstungen und freistehenden Wände, die mit äußerst geringem Überstand realisiert wurden.

Auf Dauer wird es an den verschmutzten Stellen auch zu Putzschäden kommen. Diese sind am Sockel des Frankfurter Museums schon jetzt zu sehen (Bild 4: Kalkzementaußenputze und Wärmedämmverbundsysteme haben im Sockelbereich nichts zu suchen. Die Wasserbelastung – und hier auch die Stoßbeanspruchung – sind zu groß.

Ist eine wasserunempfindliche und stoßfeste Sockelverkleidung (z. B. aus Werksteinplatten), hinter der sich auch die aufgekantete bzw. hochgeführte Abdichtung geschützt verstecken läßt, formal absolut unvertretbar, muß unter Umständen der wesentlich aufwendigere Weg eines zusätzlichen Spritzwasserschutzes durch Gitterroste gegangen werden (Bild 5 zeigt eine derartige Lösung beim Studio des Süddeutschen Rundfunks in Mannheim).

Ähnliche Probleme zeigen sich an Brancas Neuer Pinakothek in München: Das formale Konzept basiert auf der gestaffelten Reihung von äußerst auffälligen, teilweise weit über die Dachflächen reichenden Wandschotten. Die sandsteinbekleideten, extrem bewitterten Wandscheiben sind mit Werksteinen ohne Gefälle und Überstand abgedeckt, um den Scheibencharakter zu betonen. Die Folgen sind umfangreiche, fahnenartige Eindunklungen der Wandflächen unter den Mauerkronen, die auf eine hohe Wasserbelastung hindeuten. Auch hier zeichnen sich vor allem die Stoßfugen der Abdeckungen ab (Bild 6).

2

3

4

6

5

7 Ansicht des vorgefertigten Wohnhauses Döring in Bad Honnef
8 Isometrische Darstellung des ursprünglich ausgeführten Knotenpunktes (Götz)
9 Zustand der Knotenpunkte
10 Abdeckung der Zangen mit Fensterbankblechen

Es mag zwar den wissenschaftlich interessierten Praktiker beruhigen, daß es sich – gemäß genaueren Untersuchungen – bei den schwarz-braunen Einfärbungen nicht nur um Verschmutzungen handelt, der von den Mauerkronen auf die Wandflächen geschwemmt wurde, sondern vor allem »um die schwarze und grau-grüne Besiedlung durch epilithische Algen«; für den Betrachter werden die Erscheinungen dadurch kaum weniger störend.

Während bei Mauerwerkskronen mit nur einer Sichtseite – also z. B. bei Dachattiken – das Problem durch eine deutliche Gefällegebung und einen Überstand der Abdeckung zur nicht sichtbaren Seite der Wand gelöst werden kann, ist es in der Tat sehr aufwendig, bei beidseitig einsehbaren Wandscheiben Abdeckungen ohne Überstand zu realisieren.

Internationale Aufmerksamkeit erweckte in den späten sechziger Jahren ein Einfamilienhaus von Wolfgang Döring, das die damals von allen Progressiven gestellte Forderung nach modernen, industriellen Bauverfahren mit einem bemerkenswerten, durch die Konstruktion geprägten Erscheinungsbild verband. Das Besondere waren acht sichtbar gelassene Stockwerksrahmen aus schwarz gestrichenen Leimholzpfosten und Zangenträgern, die durch weiße, »wetterfest verleimte« Sperrholzknotenplatten miteinander biegesteif verbunden waren. Die Deckenplatten und Wandpaneele wurden in diese Rahmenkonstruktion eingehängt. Die Längsaussteifung erfolgte durch sichtbare Rundstahldiagonalen in den Endfeldern (siehe Bild 7). Alle Teile waren vorfabriziert, die Montage dauerte nur wenige Tage. Als Prototyp einer Serie gedacht, wurde das Bausystem nur einmal verwirklicht. Heute kann man sagen: Gott sei Dank! Denn die offen gezeigte, ohne schützenden Dachüberstand der Witterung ausgesetzte Holzkonstruktion und deren Durchstoßpunkte durch die Fassade brachten während der zwanzigjährigen Standzeit erhebliche Abdichtungs- und Verrottungsprobleme. Ursächlich waren die ungeschützt vorstehenden, horizontalen Flächen des Tragwerks und der 4 cm dicken Sperrholzplatten sowie die großflächigen Spaltfugen zwischen den Knotenplatten und Leimholzbalken, über die Feuchtigkeit langanhaltend seitlich einwirken konnte, und nicht zuletzt die schwarze Farbgebung. So mußte inzwischen eine große Zahl von Zangenenden und Knotenplatten bis in

7

9

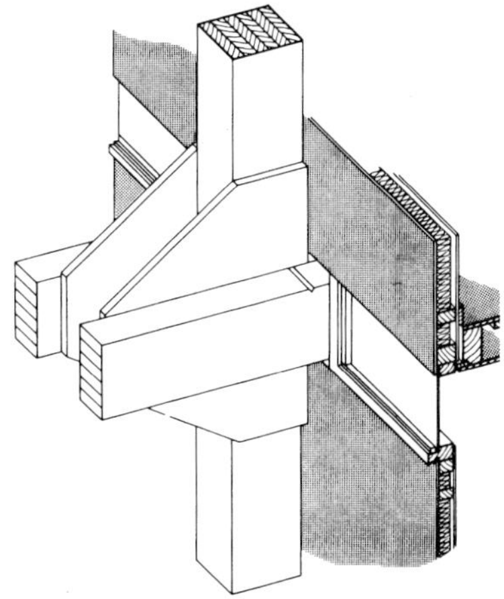
8

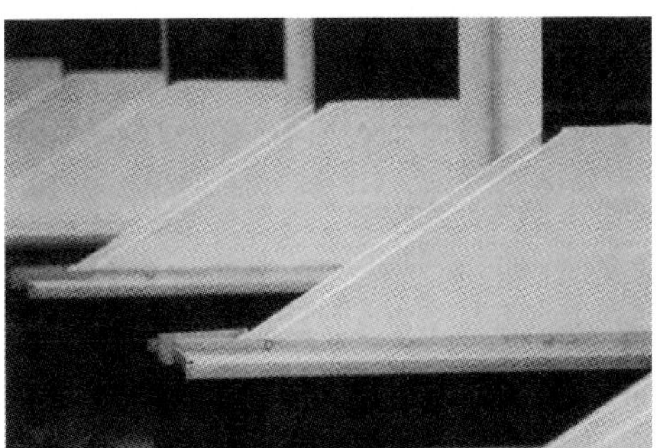
10

den Wohnraum hinein völlig erneuert werden. Für die »wetterfeste« Verleimung von Sperrholzplat gilt nämlich ähnliches wie für »wasserfeste« Spanplatten und Gipskartonplatten – mit Blick auf die bei Gebäuden zu fordernde lange Standzeit sind sie bei langanhaltender Feuchtigkeitsbelastung *nicht* beständig.

Sämtliche horizontale Zangenflächen erhielten nachträglich Aluminium-Fensterbankabdeckbleche mit Randaufkantungen und überstehenden Abtropfkanten (siehe Bild 10); auch die Anschlüsse zu den Wand- und Fensterelementen wurden verblecht. Trotzdem verblieb eine große Zahl von ständig zu wartenden, mit Dichtstoffen verkitteten Anschlußfugen.

Holzskelettbau- und Fachwerkkonstruktionen im Außenbereich gehören unter einen so weiten Dachüberstand, daß eine unmittelbare Bewitterung möglichst nicht stattfindet. Alle anderen Schutzmaßnahmen wie Abdeckbleche und Dichtstofffugen, die z. B. in den Schriften des Informationsdienstes Holz auch empfohlen werden, sind nur schlechte Notbehelfe. Hätte der damals noch junge Architekt schon bei der Planung die bauphysikalischen Konsequenzen seiner unkonventionellen Idee bis hin zu den Fensterbankabdeckungen der Zangenköpfe durchgespielt, so hätte er vermutlich die Entwurfsidee verworfen. Insofern hat Schürmann also recht: Die Bauphysik behindert die Verwirklichung kreativer Ideen.

Ich habe bei der Betrachtung von aufsehenerregenden Gebäuden häufig den Eindruck, daß das eigentlich »Revolutionäre« der neuen Form der Verstoß gegen bauphysikalische Regeln und deren konsequente konstruktive Vernachlässigung ist, frei nach dem Motto: »Alles Machbare ist gedacht, denken wir das Nicht-Machbare.« Die Leidtragenden sind die Bauherren und Bewohner, denen man nur viel Liebe zu ihrem unkonventionellen Gebäude und einen nicht zu dünnen Geldbeutel wünschen kann. Man muß manche engagierte Architektenkollegen an die Selbstverständlichkeit erinnern, daß es zunächst der Zweck von Gebäuden ist, das Grundbedürfnis des Menschen nach einem sicheren Dach über dem Kopf und Schutz vor Witterungseinflüssen zu befriedigen. Dies ist Ziel der Statik und der Bauphysik. In armen Regionen dieser Welt wäre es schon viel, allein diese Aufgabe mit Würde zu erfüllen. So gesehen erscheinen Gebäude, bei denen diese Grundanforderungen zugunsten eines ungewöhnlichen Erscheinungsbildes vernachlässigt werden, als Verirrungen unserer Überflußgesellschaft. Beschäftigt man sich mit der dauerhaften Lösung der bauphysikalisch-konstruktiven Probleme von anspruchsvoller Gegenwartsarchitektur unter mitteleuropäischem Klima, so stellt man häufig fest, daß gerade das formal Einfache – der glatte, vorsprunglose Kubus, die offen gezeigte, klare Konstruktion – nur mit hohem technischem Aufwand realisierbar ist.

Posener umreißt in seiner Autobiografie präzise diesen Sachverhalt, wenn er Mies van der Rohe die Maxime unterlegt: »Wir bauen einfach – koste es was es wolle.« Ernsthaft kann die Devise nur lauten: nicht gegen, sondern mit der Bauphysik formal gute Architektur verwirklichen! Dazu ist das sehr genaue – über grobe Faustregeln weit hinausgehende – Verständnis der bauphysikalischen Zusammenhänge als Handwerkszeug unabdingbar erforderlich. Von einer entsprechenden Ausbildung der Architekten und Ingenieure sind wir noch sehr weit entfernt.

Literaturhinweise

Posener, J.: Fast so alt wie das Jahrhundert, Berlin 1990.

Zu Dörings Wohnhaus wurden Döring, W.: Perspektiven einer Architektur, Frankfurt 1973, sowie Götz u. a.: Holzbau–Atlas, München 1980, benutzt.

Die Untersuchungen über den Algenbewuchs der Neuen Pinakothek sind in Krumbein, E. u. a.: Biogene Bauschäden, in: Bautenschutz, Bausanierung 1/87, beschrieben.

Fassadengestaltung

»Es ist das Zeichen eines schlecht Gebauten, daß es nicht alt werden kann, sondern im Laufe der Jahre nur verrottet.« Ist diese Feststellung Blochs die allgemeine Antwort auf die Frage, warum Ablagerungen auf alternden Neubaufassaden häufig nicht als ehrwürdige Patina, sondern störende Fassadenverschmutzung empfunden werden? Die Zahl der Prozesse, in denen die Reinigungskosten beim Architekten eingeklagt werden, nimmt zu. Sicher bestand das Problem, Verschmutzungen zu vermeiden, früher weniger, da aufgrund der Oberflächenbeschaffenheit der traditionellen Baumaterialien Staubablagerungen wenig störend wirkten und da – zumindest bis zum Beginn des Industriezeitalters – wohl auch die Schwebstaubbelastung der Luft geringer war. Sicher ist aber auch, daß bei historischen Bauweisen die Wasserführung auf Fassaden sorgfältiger bedacht und das konstruktiv Erforderliche auch formal überzeugend bewältigt wurde. So haben viele der zur Gliederung der Fassaden verwendeten Architekturdetails der historischen Baustile doch ihren Ursprung in dem notwendigen Bedarf an Gesims-, Fensteröffnungs- und Fensterbankabdeckungen, nach Tropfkanten und an einem geregelten Wasserablauf.

Unter diesem Blickwinkel betrachtet, beschert uns eine große Zahl – gerade auch der namhaften und stilbildenden Architekten dieses Jahrhunderts eine »unfertige« Architektur: in der Großform beeindruckend und konsequent, im formal integrierten bauphysikalisch-technischen Detail aber nicht zu Ende gedacht. Im Maßstab 1:1 haben diese Masse- oder Strukturmodelle in der Bewitterung nur bedingt Bestand; Blendwerke, die für Architekturzeitschriften und Architekturpreise errichtet wurden. Das würdige Altern von Gebäuden ist kein Thema von Öffentlichem und rufbildendem Interesse.

Grundsätzlich ist es eine Selbstverständlichkeit, daß in Gebrauch genommene Gegenstände verschmutzen und daß – je nach Schmutzbelastung sowie Beschaffenheit und Farbe der Oberfläche – die Häufigkeit und der Aufwand für notwendige Reinigungsarbeiten variieren. Viele Bauherren wollen nicht wahrhaben, daß dieser Sachverhalt nicht nur für Kleidungsstücke, Teppichböden und Autos, sondern auch für

1

1 **Staubablagerungen im Bereich der Dachflächenfenster und Traufkanten**

Fassaden zutrifft. Insofern sind häufig auch überzogene Ansprüche an die Wartungsfreiheit von Gebäuden die Ursache für Streitigkeiten über Fassadenverschmutzungen.

Als störend werden in der Regel nur ungleichmäßige Verschmutzungen empfunden. Folgende Vorgänge führen zu unregelmäßigen Schwebstaubablagerungen: Feiner Staub (0,01–1 µm) kann auch an glatten, senkrechten Flächen, z. B. an Glas oder Metall, aufgrund der Adhäsion haften bleiben. Wesentlich größer werden allerdings die Ablagerungsmengen auf horizontalen oder schwachgeneigten Flächen, da hier die Ablagerung auch aufgrund der Schwerkraft erfolgt und größere Staubkörner umfaßt. Als Ablagerungsflächen wirken dabei sowohl feinste Oberflächenrauhigkeiten (z. B. die Rillen des Münchener Rauhputzes) als auch Vor- und Rücksprünge von architektonischen Gliederungen oder Fensterbänken sowie schließlich auch größere horizontale oder geneigt abgedeckte Gebäudeflächen (Bild 1).

Ein Großteil ungleichmäßiger Verschmutzungen wird durch unterschiedlich starke Wasserströmung auf der Fassade hervorgerufen (Bilder 3 bis 6): Die Schlagregenbeanspruchung nimmt mit der Gebäudehöhe zu. Die oberen Bereiche von höheren Gebäuden und vor allem die der Witterung zugewandten Gebäudekanten werden daher bei Fassaden mit sonst gleichmäßigen Schmutzablagerungen verstärkt abgewaschen.

Durch Vor- und Rücksprünge an der Fassade können Teilbereiche im »Regenschatten« liegen. Bei guten Selbstreinigungseigenschaften der Fassadenfläche ergeben sich in diesen Regenschattenzonen verstärkte Verschmutzungen. Durch Vor- und Rücksprünge kann jedoch auch der Regen konzentriert auf Teilbereiche der Fassade geleitet werden und dort zu intensiveren Abwaschungen führen – auf einer insgesamt gleichmäßig eingedunkelten Fläche zeigen sich dann helle, fahnenartige Spuren.

Auch ohne Vor- und Rücksprünge kann es zu unterschiedlichen Fließgeschwindigkeiten und damit auch zu unterschiedlichen Verschmutzungen, zum Beispiel aufgrund unterschiedlicher Rauhigkeit und Saugfähigkeit der Oberflächen, kommen. So können auf den rauhen Oberflächen von Putz oder Beton unter größeren Fensterflächen Auswaschungen beobachtet werden, da der Regen auf Glas mit höherer Fließgeschwindigkeit abläuft.

Besonders störend und häufiger Anlaß zur Diskussion über die Vermeidbarkeit der Verschmutzung sind konzentrierte Schmutzablagerungen, die als häßliche, dunkle Fahnen und Streifen erscheinen. Sie sind in der Regel die Folge einer ungleichmäßigen oder unüberlegten Entwässerung von horizontalen Flächen: Der sich darauf verstärkt ablagernde Staub wird mit dem abfließenden Niederschlagswasser über den Rand

2

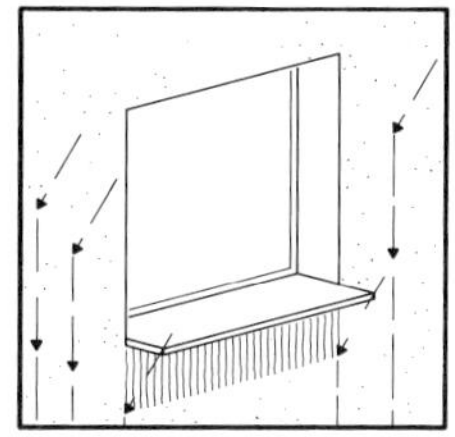

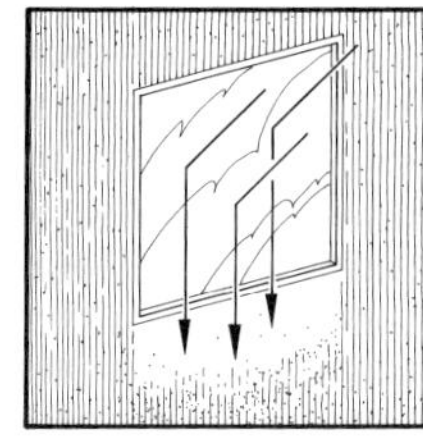

3, 4

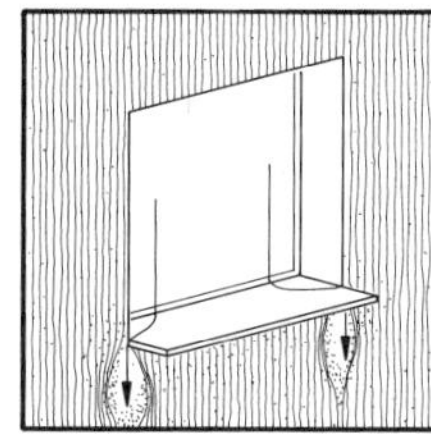

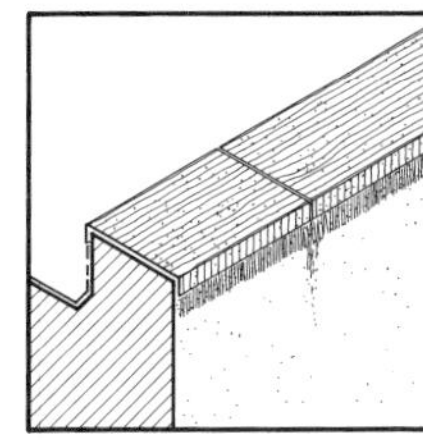

5, 6

der horizontalen Fläche auf die senkrechten Fassadenflächen geleitet und führt dort zu konzentrierten Verschmutzungen, wie sie besonders unter Attikaabdeckungen und Fensterbänken ohne Überstand und Tropfkanten entstehen (Bild 2). Die Orientierung der Fassade spielt dabei eine wichtige Rolle: Die Regenschattenwirkung von Vorsprüngen tritt nur bei unmittelbar schlagregenbeanspruchten Flächen, also auf den Wetterseiten, auf. Einige Zentimeter weit vorstehende Tropfkanten, die auf den wetterabgewandten Seiten der Fassade sehr gut verhindern, daß der Schmutz von den horizontalen auf die vertikalen Flächen übergeleitet wird, sind auf den Wetterseiten kaum wirksam, da dort der Wind das abtropfende Wasser bereits nach wenigen Zentimetern gegen die Fassadenfläche treibt.

Folgender Fall illustriert die Problemstellungen exemplarisch: Die Fassaden eines viergeschossigen Wohn- und Geschäftshauses waren mit typischen Architekturelementen der achtziger Jahre gestaltet: weißen, einbrennlackierten Aluminiumfenstern und -fassadenblechen; Schrägverglasungen und Erkern. In einigen Bereichen waren nach dreijähriger Standzeit häßliche Verschmutzungen aufgetreten, die den Bauherrn zu einer Auseinandersetzung mit dem Architekten veranlaßten. Die Verschmutzungen fanden sich:

2 Laufspuren auf den Brüstungen ohne Fensterbankabdeckungen und Tropfkanten
3-6 Häufige Ursachen ungleichmäßiger Verschmutzungen
3 Schmutzablagerungen im »Regenschatten« unter Vorsprüngen
4, 5 Helle Zonen im Bereich mit größerer Fließgeschwindigkeit des herabrinnenden Wassers
6 Transport von Ablagerungen der horizontalen Flächen auf die Fassade bei falscher Wasserführung und fehlenden Tropfkanten

– unter Attikaabdeckungen ohne Überstand und Tropfkanten,
– am Übergang der Dachflächenfenster zur Fassade,
– auf den Fensterbrüstungen ohne Fensterbank,
– an den Schrägverglasungen der Erker.

Zugleich wurde bemängelt, daß die Dachflächenfenster und Teilbereiche der Fassaden zur Reinigung nicht oder nur nach komplizierten Einrüstarbeiten erreichbar seien.

Zum Zeitpunkt der Fassadenbesichtigung lagen die letzten Reinigungsarbeiten zweieinhalb Jahre zurück.

Zu wesentlichen Teilaspekten ist eine Beurteilung eindeutig: Reinigungsmöglichkeiten müssen bei der Fassadenplanung bedacht werden. Bei den meisten Attikablechen und Fensterbänken hätten durch geringe Aufkantungen und Gefällegebungen ohne merkliche Eingriffe in das Gestaltungskonzept wesentliche Verschmutzungsursachen minimiert werden können. Mit Sicherheit hatten die Planer dieser Fassade die Wasserführung nicht bedacht. Andererseits war dem Bauherrn auch eindeutig vorzuhalten, daß an seiner Fassade seit längerer Zeit Reinigungsarbeiten ausstanden; der Grad der Verschmutzungen also auch nutzungsbedingt war. An öffentlichen Gebäuden der Umgebung wurden ein- bis zweimal jährlich Rahmenreinigungsarbeiten ausgeführt.

Wesentlich problematischer wird die Beurteilung der »Vermeidbarkeit« von Fassadenverschmutzungen, wenn bei architektonisch anspruchsvollen Gebäuden eine geringere Verschmutzung nur durch entscheidende Änderung am formalen Konzept erreicht werden könnte. Hier geht es letztlich darum, die formale Bedeutung unterschiedlicher technischer Maßnahmen gegeneinander abzuwägen und der Bedeutung der Fassadenverschmutzungen gegenüberzustellen. Ich lehne es ab, in bautechnischen Gutachten die formale Konzeption von Architektur zu bewerten, und bin daher auch im dargestellten Fall zu folgendem Ergebnis gekommen: »Erker mit in Wintergartenart über die Dachkante greifenden Verglasungen sind ein typisches Element derzeitiger Architekturströmung. Der architektonische Ausdruck und die Nutzungsvorteile solcher Konstruktionen werden mit einem erhöhten Reinigungsaufwand erkauft.

Es ist wenig sinnvoll und nicht Aufgabe des Sachverständigen, Hypothesen darüber anzustellen, welche anderen, weniger schnell verschmutzenden Architekturformen anstelle der hier realisierten denkbar gewesen wären.« Dennoch möchte ich an die Architektenkollegen appellieren, sich der Wasserführung auf der Fassade mit mehr Sorgfalt zu widmen und das dazu Notwendige in das formale Gesamtkonzept einzubinden; nur so entsteht letztlich ein auf Dauer auch formal befriedigendes Ergebnis.

Es gibt eine große Zahl von Methoden, störende Verschmutzungen zu vermeiden: Glatte, wenig saugfähige Oberflächen ohne Vor- und Rücksprünge geben wenig Anlaß zu Schmutzablagerungen auf den Flächen. Besonders bei hohen Gebäuden, deren unterschiedliche Schlagregenbeanspruchung in den verschiedenen Höhen unvermeidlich ist, bietet sich eine vor- und rücksprungsfreie Fassadenfläche mit gleichartigen glatten Oberflächen im Fenster- und Brüstungsbereich als besonders verschmutzungsarme Konstruktion an. Die meisten Hochhausfassaden folgen dieser Konstruktionsregel. Selbstverständlich kann auch durch Materialwahl und Oberflächenstruktur die Störwirkung unvermeidlicher Verschmutzungen beeinflußt werden: Auf einer Naturstein- oder Ziegelfassadenfläche mit unterschiedlichen Farb- und Helligkeitsabstufungen stören die gleichen Verschmutzungen weitaus weniger als auf einer glatten, weißen Putzfassade.

Horizontale Flächen sollten nicht auf die Fassade entwässern. Während diese Forderung bei Attiken und Terrassenrandaufkantungen relativ einfach verwirklicht werden kann, indem die obere Abdeckung mit einem deutlichen Gefälle zum Dach ausgeführt wird, sind bei Fensterbänken und anderen in der Fassadenfläche liegenden Rück- und Vorsprüngen Vorrichtungen erforderlich, um das von der horizontalen Fläche ablaufende Wasser von der Fassade fernzuhalten.

Auskragende Tropfkanten mit seitlichen Aufkantungen können verhindern, daß das schmutzangereicherte Wasser von der horizontalen Fläche konzentriert auf die Fassade gelangt. Über das Maß der notwendigen Auskragung wird immer wieder gestritten. Wie das folgende Kapitel (Seite 40) zeigen wird, bieten Tropfkanten bei größeren, horizontalen Flächen und bei verschmutzungsempfindlichen Fassaden keinen vollständigen und sicheren Schutz, da das abtropfende Wasser durch den Wind gegen die Fassadenfläche getrieben

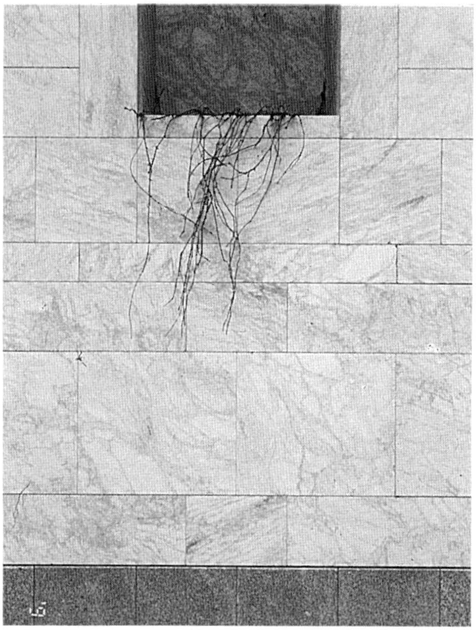
7

8

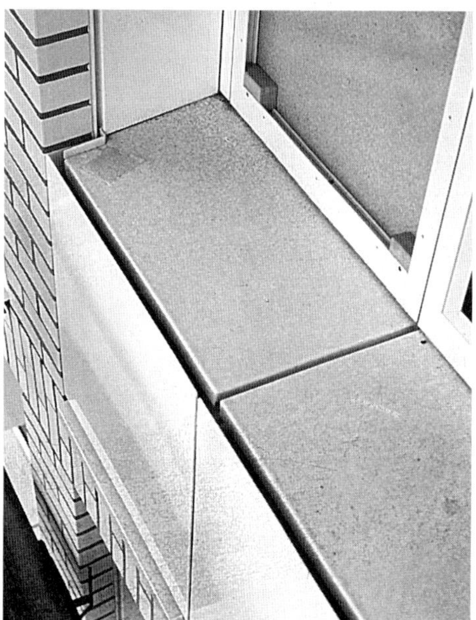
9

10

wird. In diesem Fall muß über eine andere, geregelte Wasserableitung nachgedacht werden. Dazu gehören Fassadensysteme mit sogenannter »Hinterwässerung« (Bilder 8,9). Das auf der horizontalen Fläche auftreffende Wasser wird hinter der Fassadenoberfläche kontrolliert abgeleitet. Diskutabel ist eine derartige Lösung aber nur, wenn unter großem konstruktivem Aufwand ein eigenes Dränagesystem hinter der Oberfläche der Fassade geschaffen wird und die hintere Fassadenebene durch sorgfältige, zusätzliche Abdichtung und durch die Verwendung von korrosionsunempfindlichen Materialien im gesamten Fassadenquerschnitt geschützt wird.

Eine weitere elegante Lösung für die horizontale Fläche unterhalb eines Fassadenrücksprungs hat Gustav Peichl am Anbau des Frankfurter Städels gefunden: Der in der großen, ruhigen Fassade formal störende und nur bedingt wirksame Tropfkantenüberstand wurde vermieden, indem die horizontale Fläche als – hoffentlich sorgfältig abgedichteter und innen entwässerter – Pflanztrog ausgebildet wurde (Bild 7). Schließlich besteht die Möglichkeit, die zu erwartende Lauf- und Verschmutzungsspur ins architektonische Konzept formal zu integrieren und – sozusagen – aus der Not eine Tugend zu machen: Besonders eindrucksvoll ist das Carlo Scarpa an der Fassade seines Veroneser Bankgebäudes gelungen (Bild 10). Es wäre erfreulich, wenn dieses Bild mehr als viele Worte den Entwurfsarchitekten klarmachen würde, daß die Berücksichtigung der Wasserführung auf Fassaden keine bedrückende Einengung, sondern eine positive Herausforderung der Entwurfsphantasie darstellt.

Wo bleibt der Architekturpreis, der das würdige Altern von architektonisch anspruchsvollen Gebäuden prämiert und damit den sorgfältig entwerfenden Architekten und den verantwortungsvoll bauunterhaltenden Besitzer ehrt? Sind in dieser Hinsicht preiswürdige Objekte für die optische Qualität unserer gebauten Umwelt nicht wichtiger als aufsehenerregende, kurzlebige Schauobjekte?

7 Als Pflanztrog ausgebildete Fensterbank (Anbau Städel, Frankfurt)

8, 9 Weiße Fassade mit tiefen Fensterbänken – Verhinderung von Verschmutzungen durch Wasserführung hinter den Fassadenblechen (Studio SDR, Mannheim)

10 Konstruktive und formale Berücksichtigung der Laufspur auf der Fassade (Banca Popular, Verona)

1-3 Algen, Flechten und Moosbesiedlungen sowie Laufspuren auf den Sichtbetonbauteilen ohne Tropfkanten und Abdeckungen an der 30 Jahre alten Wallfahrtskirche in Neviges (Gottfried Böhm)
4 Abplatzungen und Verschmutzungen auch unter den nachträglich abgedeckten Bereichen des Einsteinturms in Potsdam (Erich Mendelsohn). Der Turm war ursprünglich als Sichtbetonkonstruktion geplant, wurde dann aber als verputzter Mauerwerksbau ausgeführt
5 Starke Beschädigungen und Verschmutzungen wegen fehlender Tropfkanten an der Außentreppenanlage eines Mehrfamilienhauses

Die Bedeutung von Abdeckungen bei Fassadenverschmutzungen

Die Bewertung der Fassadenverschmutzungen ist, wie auch das vorangegangene Kapitel gezeigt hat, ein komplexes Problem. Dies gilt besonders für Gebäude, die den formalen Anspruch erheben, mehr als nur ein pflegeleichter Gebrauchsgegenstand zu sein. Wann sind Schmutzablagerungen, die meist wegen ihrer Unregelmäßigkeit störend wirken, als »Dreck« zu kritisieren, wann kann man sie als »Patina« akzeptieren? Warum empfindet man z. B. die Verschmutzungen, den Algen- und Flechtenbewuchs an den ungeschützten abgeschrägt vorspringenden Fassadenoberflächen und die ohne Tropfkanten ausgeführten Mauerkronen am Stahlbetonmonolithen der Wallfahrtskirche in Neviges überwiegend als »Patina« (Bilder 1-3), die ähnlichen Erscheinungen am Einsteinturm in Potsdam aber als Verrottung (Bild 4)? Hubertus Günther hat in einem ausführlichen Aufsatz die vielfältigen Aspekte dieses Problems dargelegt und klargemacht, warum

1

2

3

4

5

6 Die Dachkantenabdeckung macht aus einem Kubus eine Schachtel
7 Abdeckungen und Tropfkanten beeinflussen das Erscheinungsbild stark

diese Fragen so schwer zu beantworten sind. Sicher ist, daß von einem Mangel gesprochen werden muß, wenn das Erscheinungsbild und das formale Konzept durch die Ablagerungen und Laufspuren beeinträchtigt werden oder die Fassadenoberfläche durch die verstärkte Wasserbeanspruchung gar auf Dauer geschädigt wird. Naturstein- und Sichtziegelmauerwerk, auch Sichtbeton, altern offenbar bei starker Beanspruchung würdiger als Putzoberflächen. Ein formales Konzept, das von der unterschiedlichen Textur der Oberflächen lebt, verträgt Verschmutzungen eher als ein Konzept, das auf makellose weiße Flächen baut.

Streiten sich Bauherr und Architekt über die Frage, ob aufgetretene Verschmutzungen »vermeidbar« waren und daher als Mangel zu bewerten sind, so geht es meist um die Notwendigkeit und Gestaltung von Abdeckungen und Tropfkanten. Diese Abdeckungen aus wasserdichten bzw. wasserableitenden Materialien wie Blechen oder Werksteinelementen werden an Attiken, Mauerkronen, Brüstungen oder schräg vorspringenden Fassadenflächen erforderlich, um das Eindringen von Feuchtigkeit in den weniger feuchtigkeitsbeständigen Untergrund zu vermeiden und um zu erreichen, daß das abtropfende, häufig schmutzangereicherte Wasser nicht konzentriert die darunterliegende Fassadenoberfläche beansprucht. Die Abdeckung sollte dabei selbst ebenfalls im Gefälle liegen und so entwässern, daß unvermeidbare Laufspuren möglichst wenig stören. Häufig wird über die Dimensionierung der Tropfkanten gestritten. Die im Juni 1996 neu erschienene VOB-Norm Klempnerarbeiten – DIN 18 339 – macht in Übereinstimmung mit den Flachdachrichtlinien zum Tropfkantenüberstand folgende Angaben: »Abdeckungen müssen eine Tropfkante mit mindestens 20 mm Abstand von den zu schützenden Bauwerkstellen aufweisen.« Die Flachdachrichtlinien machen auch zur senkrechten überlappung der Tropfkante genauere Aussagen: »Der äußere senkrechte Schenkel von Abdeckungen oder Randprofilen soll den oberen Rand von Putz oder Bekleidungen überlappen und zwar bei Gebäudehöhen bis acht Meter 5 cm, über acht bis zwanzig Meter 8 cm, über zwanzig Meter 10 cm.« Die Fachregeln des Klempnerhandwerks gehen mit ihren Festlegungen noch weiter. Hier wird nicht nur die senkrechte Überlappung der

Tropfkante, sondern auch der Mindestabstand vom Bauwerk von der Gebäudehöhe abhängig gemacht: »Abstand Tropfkante vom Bauwerk: Gebäudehöhe bis acht Meter: 20 bis 30 mm; Gebäudehöhe acht bis zwanzig Meter: 30 bis 40 mm; Gebäudehöhe über zwanzig Meter: 40 bis 50 mm.« Angemerkt wird, daß bei Kupfer (wegen des von den korrodierenden Blechen abtropfenden, blaugrünen Kupferoxids) grundsätzlich ein Überstand von 50 bis 60 mm erforderlich ist.

Weiterhin führt dieses Regelwerk zu Abdeckungen aus: »Abdeckungen von Dachrandabschlüssen sollen grundsätzlich ein deutliches Gefälle zur Dachseite aufweisen, damit anfallendes Niederschlagswasser mit auf der Oberseite anfallenden Ablagerungen problemlos ablaufen kann. Von diesem Grundsatz kann nur bei schmalen Abdeckungen unter Beachtung der (o. a.) Überstände in Absprache mit dem Auftraggeber abgewichen werden. Mauerabdeckungen sollten ein Gefälle nach der Seite aufweisen, die nicht Schlagregen oder erhöhtem Windanfall ausgesetzt ist oder bei der Spuren von ablaufendem Wasser vom Auftraggeber akzeptiert werden.«

Von den Empfehlungen der Regelwerke sollte grundsätzlich nicht abgewichen werden. Trotzdem ist ihre zu schematische Anwendung fragwürdig.

Flächen werden wesentlich durch ihre Ränder definiert; durch ebene Flächen begrenzte Körper in erster Linie durch ihre Kante. Will der Entwerfer hervorheben, daß sein Gebäude aus scharf abgegrenzten Flächen oder klaren Körpern komponiert wurde, so wird die Prägnanz des Erscheinungsbildes ganz wesentlich von der Gestaltung der Bauteilkanten bestimmt. Erhält z. B. ein klarer Kubus an seinen oberen Kanten einen breiten überstehenden Abdeckungsrand, so wird daraus optisch eine banale Schachtel (Bilder 6, 7). Wer Augen und Sinn für moderne Architektur hat, kann daher verstehen, warum von Entwurfsarchitekten immer wieder von den oben beschriebenen Regeln abgewichen wird. Ich halte es nicht für sachgerecht, solche Abweichungen grundsätzlich zu verdammen, sondern halte es wegen der formalen Bedeutung dieses Problemkreises für notwendig, dem Sinn der Abdeckungsregeln genauer nachzugehen, um alternative Lösungswege aufzuzeigen. In meiner Beratungspraxis wende ich diese Alternativen entsprechend an.

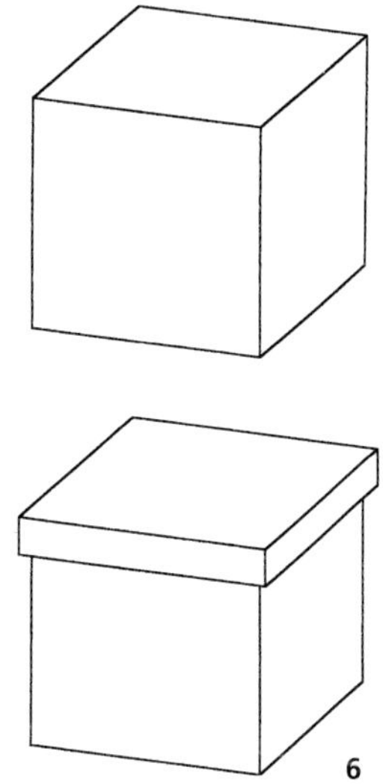
6

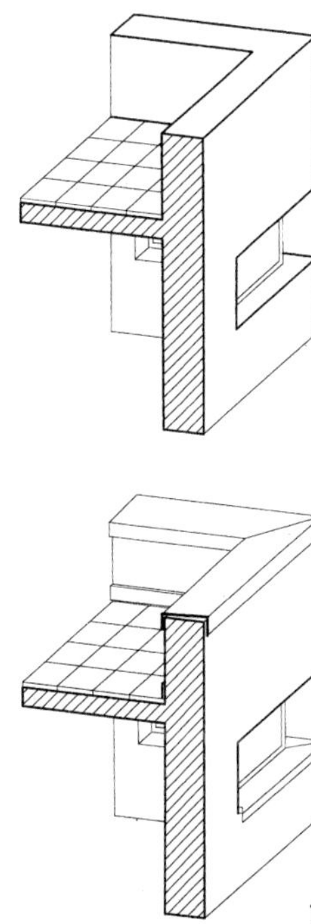
7

8 **Soll durch die senkrechte Überlappung ein feuchtigkeitsempfindlicher Untergrund geschützt werden, so muß die Überlappungshöhe (x) mit der Gebäudehöhe zunehmen (5–10 cm). Bei wenig feuchtigkeitsempfindlicher Unterkonstruktion können auch deutlich geringere Überlappungshöhen ausreichend sein**

Die senkrechte Überlappung von Tropfkanten steht in keinem Zusammenhang mit Verschmutzungsfragen, sondern hat allein den Zweck, daß am Rand das Regenwasser nicht unter die Abdeckung dringen kann. Das mit der Gebäudehöhe zunehmende Überlappungsmaß hat einen technischen Hintergrund, da mit der Gebäudehöhe der Staudruck des Windes steigt und damit das Maß, um das ein Wasserfilm auf der Fassade gegen die Schwerkraft nach oben gedrückt werden kann. (Aus diesem Grund sind die gleichen Maße als »Schwellenhöhe« in DIN 4108, Teil 3, für offene Horizontalfugen angegeben.) Aus dem Zweck der Überdeckungsregel lassen sich aber auch die Kriterien für andere Lösungen ableiten. Immer dann, wenn die Fugen zwischen Abdeckung und anschließendem Fassadenbauteil auf andere Weise gegen das Eindringen von Wasser geschützt sind oder wenn aufgrund der geringen Feuchtigkeitsempfindlichkeit oder der Gesamtkonzeption der Fassade die eindringende Feuchtigkeit keinen nennenswerten Schaden anrichten kann, wird man Abweichungen von der Überlappungsregel nicht als Mangel bewerten können (Bild 8). So wird eine Überlappung von wenigen Zentimetern z. B. bei einer hinterlüfteten Fassadenbekleidung nicht zum Schaden führen, da die ungünstigstenfalls einlaufenden Wassertropfen aufgrund der Belüftung abtrocknen können. Bei Wärmedämmverbundsystemen wird man allerdings z. B. die Überlappungsregel einhalten müssen, da eindringende Flüssigkeit in der Ebene der Wärmedämmung zu langanhaltender Durchfeuchtung und Schäden führen kann.

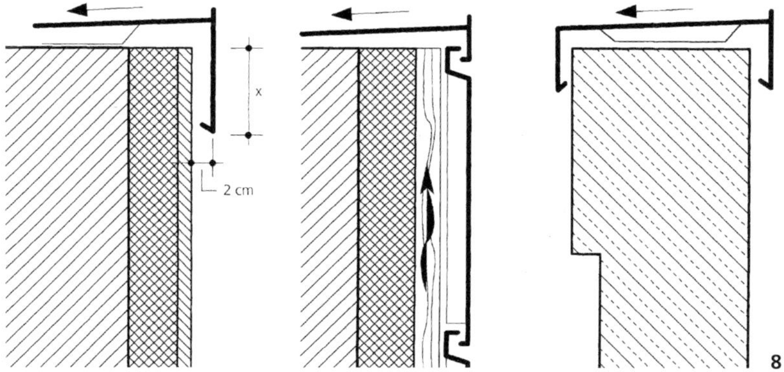

8

Ist die Fuge zwischen Bauteil und Abdeckung z. B. durch Schaumstoffugenbänder zusätzlich abgedichtet, so wird man auch in dieser Situation bei geringeren Überlappungshöhen nicht von einem Mangel sprechen können.

Durch den Tropfkantenüberstand soll erreicht werden, daß abtropfendes, durch Ablagerungen auf der Abdeckung mit Schmutz angereichertes Wasser nicht konzentriert auf die darunterliegende Fassadenfläche gelangen kann und dort zu Schmutzfahnen und zu ungleichmäßigem Algenbewuchs führt. Es bleibt aus technischer Sicht nicht nachvollziehbar, warum die Klempnerfachregeln das Mindestmaß des Tropfkantenüberstands von der Gebäudehöhe abhängig machen. Die Menge des von einer Tropfkante abfließenden Wassers ist doch nur ganz unwesentlich von der Gebäudehöhe bestimmt! Bei einseitig geneigten Mauerabdeckungen erhält die höherliegende Seite nur durch den Schlagregen, der auf die schmale senkrechte Blendenkante auftrifft, eine geringe Wasserbelastung. An der tiefer liegenden Kante ist die Menge des anfallenden Wassers wesentlich von der Breite der Abdeckung und bei Fensterbänken von der Größe der darüberliegenden, auf die Abdeckung entwässernden Fläche abhängig.

Auf Wetterseiten kann man durch eine Vergrößerung des Tropfkantenüberstandes kaum die Bewitterung der Fassade minimieren, da das abtropfende Wasser durch den Wind gegen die Fassade gedrückt wird. Hier kann sogar bei großen Überständen eher eine Störwirkung durch Schmutzablagerungen im Wind– und Regenschatten des Abdeckungsvorsprungs entstehen. Als Regelabstand erscheint mir daher das in den anderen Regelwerken angegebene Maß von 2 cm als völlig ausreichend. Wesentlich für das notwendige Maß der Abdeckung ist im Einzelfall die Gestaltung der darunterliegenden Fassadenfläche. Ausbauchende oder profilierte Fassadenbereiche benötigen unter Umständen wesentlich größere Überstände als die in den Regeln angegebenen (Bild 9). Bei großer Wasserbelastung, z. B. bei Fensterbänken unter hohen Fenstern auf Wetterseiten und bei sehr verschmutzungsempfindlichen Oberflächen, müssen – wie im Kapitel »Fassadengestaltung« (S.32) ausführlicher dargestellt – manchmal sogar Rinnen angeordnet werden.

9 Bei größerer Breite der Abdeckung reicht selbst ein sehr großer Überstand nicht aus. In diesem Fall sind Regenrinnen erforderlich

9

Besteht die Fassade aus Elementen, die übereinandergreifen, so gibt es keinen technischen Grund, z. B. bei Attiken, auch die obere Abdeckung in der gleichen Art überlappend auszuführen, d. h. in bestimmten Fällen gar keinen Tropfkantenüberstand herzustellen (siehe Bild 8, Mitte). Nach meinen Beobachtungen ist sehr häufig nicht der Tropfkantenüberstand, sondern die Gestaltung der Abdeckungselementstöße für ungleichmäßige Verschmutzungen ursächlich. Werden die Stöße lediglich mit einem geriffelten Blech unterlegt, so ist die Aufkantung und der Überstand an dieser wichtigen Stelle unterbrochen, und es gibt stark störende senkrechte Schmutzfahnen (Bilder 10, 11).

Ist es aus formal motivierten Abweichungen von den Abdeckungsregeln zu ungleichmäßigen Verschmutzungen gekommen, die keine schädigende Wirkung haben, sondern lediglich optisch stören, so ist bei der Bewertung des Grades der Beeinträchtigung zu bedenken, daß hier unterschiedliche optische Aspekte gegeneinander abgewogen werden sollen. Man muß sich fragen, was für das optische Erscheinungsbild der Fassade wesentlicher und prägender ist: die scharfkantige

11

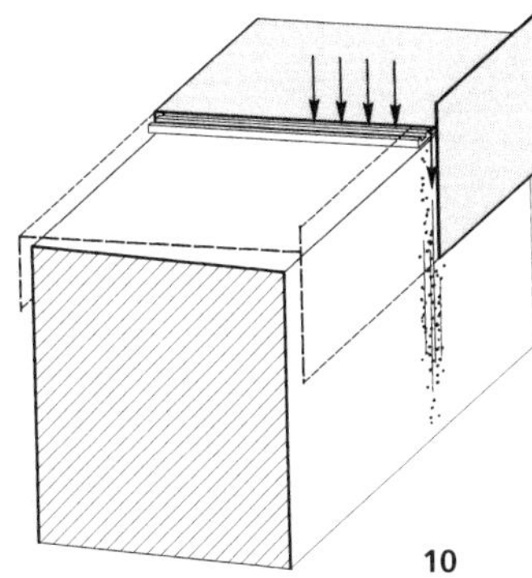

10

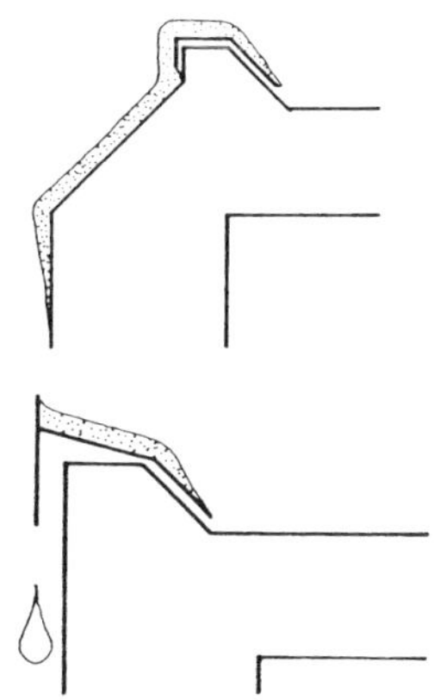

12

knappe Ausführung der Abdeckungen unter Inkaufnahme von Verschmutzungen oder eine saubere Fassade mit häßlichen Abdeckblechüberständen? Letztlich wird bei der Bewertung zu klären sein, ob es eine »architektonisch gleichwertige« Lösung der Abdeckungsprobleme gegeben hätte, die keine Verschmutzung zur Folge hat. Das von Zimmermann bereits 1980 und 1996 erneut veröffentlichte Beispiel einer »falschen« und »richtigen« Dachrandgestaltung (Bild 12) geht am architektonischen Problem völlig vorbei. Nur wer die formale Funktion von Kanten als diskutables Problem zur Kenntnis nimmt, kann sinnvoll zu einer Problemlösung beitragen.

10, 11 Eine unzureichende Unterlegung der Abdeckblechstöße führt besonders häufig zu häßlichen Laufspuren
12 »Falsche« und »richtige« Dachrandgestaltung unter völliger Veränderung des architektonischen Erscheinungsbildes (Zimmermann)

Man sollte bedenken, daß nicht jede ungleichmäßige Schmutzablagerung und Algenbildung auf Fassaden zu bemängeln ist, sondern im Grunde zum üblichen Alterungsverhalten gehört. Die Beurteilung ist stark von den verwendeten Materialien, der konstruktiven Situation und der formalen Konzeption der Fassade abhängig.

Die in den Regelwerken formulierten Anforderungen und Abmessungen an Abdeckungen und Tropfkanten sollten als Planungsgrundsätze aufgefaßt werden, von denen je nach den beschriebenen Randbedingungen durchaus abgewichen werden kann. Hier ist eine situationsbezogene Entscheidung und nicht die schematische Anwendung von Regelwerken gefragt.

Literaturhinweise

Der Aufsatz von H. Günther: »Patina in der Geschichte der Kunst« ist in der Aufsatzsammlung Toyka, R. (Hrsg.): »Patina«, Hamburg 1996, abgedruckt, die auch eine detaillierte Betrachtung zu Neviges enthält. Die Beiträge dieses Buches befassen sich jedoch überwiegend mit den kunsthistorischen und künstlerischen Aspekten der Patina, nicht aber mit praktischen Problemen.

Zum Einsteinturm sei auf A. Nicolai: »Der Einsteinturm in Potsdam; Architektur und Astrophysik«, Berlin 1995, verwiesen. Besonders der Beitrag von J. Posener ist für das hier abgehandelte Problem sehr aufschlußreich.

Der zitierte Aufsatz von G. Zimmermann: »Schmutzfahnen und andere Fassadenschäden infolge fehlender Tropfkanten« ist im Heft 2/96 der Zeitschrift Arconis abgedruckt. Es ist bedauerlich, daß dieser Beitrag nicht auf die vielen abweichenden Auffassungen zum Thema der Tropfkanten und Fassadenverschmutzung eingeht, die seit den ersten, in der Aussage gleichlautenden Artikeln von Zimmermann (Döbereiner, W.; Zimmermann, G.: »Vermeidbare Fassadenverschmutzung aus technischer und rechtlicher Sicht«, in: Der Sachverständige, 1980, Heft 11 und 12 sowie Bauschädensammlung, Band IV, Stuttgart 1981) veröffentlicht wurden.

Zitierte Regelwerke:

DIN 18339 – Klempnerarbeiten, 1996-2006
Richtlinien für die Ausführung von Metall-Dächern, -Außenwandbekleidungen und Bauklempnerarbeiten (Fachregeln des Klempnerhandwerks), Ausgabe Sept. 1991 (Bezugsquelle: Zentralverband Sanitär, Heizung, Klima, Rathausallee 6, 53757 St. Augustin).

Richtlinien für die Planung und Ausführung von Dächern mit Abdichtungen – Flachdachrichtlinien, Ausgabe Mai 1991.

DIN 4108 – Wärmeschutz im Hochbau
Teil 3 – Klimabedingter Feuchteschutz – Anforderungen und Hinweise für Planung und Ausführung, 1981-08.

Einschalige Sichtkonstruktionen

Schlagregenschutz bei massivem Sichtmauerwerk

»Funktion und Konstruktion sind Elemente nützlichen Charakters, deren Erfüllung beim Bauen eine Selbstverständlichkeit ist. Erst die ästhetische Überformung dieser Elemente läßt das Bauwerk als Architektur in Erscheinung treten.«

Dieser Leitsatz von Rob Krier ist wohl unumstritten, aber die Redewendung, daß der Teufel im Detail steckt, kann auch im Hinblick auf Architektur wörtlich genommen werden. Sie beschreibt treffend die Erfahrung eines jeden Architekten, daß bei der Lösung der Architekturdetails das Funktionale, das Konstruktiv-Statische, die Materialtechnologie, die Bauphysik, das handwerklich Machbare, der Bauablauf und die Finanzierbarkeit mit den formalen Intentionen abgestimmt werden müssen, was den Planer in immense Schwierigkeiten bringen kann. Der Grad der Vollkommenheit der Details zeigt besonders deutlich, ob in der formalen Grundkonzeption bereits die Möglichkeit ihrer einfachen und funktionsfähigen Realisierbarkeit mitbedacht und angelegt war.

Mit Recht wird darüber geklagt, daß die Gestalt der meisten heute errichteten Gebäude sich bis ins Detail in der »Banalität des bloß Funktionsfähigen« erschöpft. In einer Gegenreaktion wenden sich Architekten vorrangig den Gestaltproblemen zu und setzen die Lösbarkeit der »banalen« konstruktiven und funktionellen Anforderungen als selbstverständlich voraus. Das ist eine Fehleinschätzung. Einige Gestaltungsprinzipien der Architektur unseres Jahrhunderts sind im technischen Detail nicht sicher dauerhaft realisierbar. Dies gilt z. B. für klare, kubische Baukörper und Wandscheiben aus massivem Sichtmauerwerk ohne Abdeckungen, wenn diese der Witterung ausgesetzt sind. Und es gilt erst recht, wenn bei den Details dieser

1-4 Pfarrkirche St. Bonifatius in Reichshof (1974)
1 Nachträglich mit Blech verkleidete, geneigte Sichtmauerwerksfläche über der im Kirchturm befindlichen Marienkapelle
2 Nachträgliche Verkleidung der Pfeiler und Holzbalkenköpfe
3 Anschlüsse und Ausblühungen der nach Südwesten orientierten anschlaglosen Terrassentür
4 Terrassentür mit Innendurchfeuchtungen an der zur Hauptwetterrichtung orientierten Leibung und im Sturzbereich

Bauweisen verdeckte Hilfskonstruktionen als »verlogen« abgelehnt werden.

Ich war daher neugierig, wie Heinz Bienefeld bei seinen beeindruckenden Sichtmauerwerksgebäuden diese Probleme löst.

Nach der Besichtigung einiger Bauten und dem Studium der Veröffentlichungen komme ich zu dem Ergebnis, daß auch bei diesen Gebäuden keine sichere Lösung gefunden werden konnte. Sichtmauerwerk ist besonders bei starker Schlagregenbeanspruchung nicht wasserundurchlässig. Eine wichtige Rolle spielt dabei der Sachverhalt, daß Ablösungen zwischen Steinflanke und Mauermörtel nicht sicher vermeidbar sind. Unabhängig von der Kapillarität des Steinmaterials und des Mörtels wird über die so entstehenden, flächigen Blattkapillaren Wasser in die Bauteiltiefe gesogen. Wird der Wassertransport nicht durch eine innere Schalenfuge unterbrochen, so kann das Wasser bis zur Bauteil-Innenseite durchdringen und dort Feuchteflecken und Ausblühungen hervorrufen. Besonders gefährdet sind nicht belastete, liegende Flächen von Rollschichten, da durch die fehlende Auflast die Blattfugenbildung begünstigt wird und zugleich die Wasserbeanspruchung derartiger Flächen besonders groß ist. Die schräg geneigten Flächen am Natursteinturm und den Ziegelsteinpfeilern der Pfarrkirche Reichshof–Wildbergerhütte im niederschlagsreichen Sauerland mußten wegen dieser Schlagregenprobleme nachträglich mit Blechbekleidungen geschützt werden (Bilder 1, 2).

Fenster in allseitig sichtbar belassenen Mauerwerkswänden, insbesondere wenn sie anschlaglos eingebaut werden, sind auf Schlagregenseiten besonders problematisch, da dort die bewitterte Außenoberfläche des Mauerwerks doch nur in der Dicke des Blendrahmens bzw. der Glashaltewinkel von der Innenoberfläche entfernt ist. Nur wenige Zentimeter tief ins Mauerwerk eindringende Niederschläge führen dann bereits zu Feuchteflecken und Ausblühungen im Innenraum.

An der Westfassade des Pfarrhauses derselben Kirche ist dies deutlich zu sehen (Bilder 3, 4).

Im Wohnhaus Pahde umschließt ein Ziegelmauerwerkring das Atriumhaus. Die Mauerwerkskörper sind durch Rollschichten abgedeckt, an die die Pultdachflächen des Atriums an-

1

2

3

4

5, 6 Ansicht und Mauerkrone beim Haus Pahde in Köln-Rodenkirchen (1972)

schließen (Bilder 5, 6). Bei diesem Gebäude wird die Rollschicht durch eine oberseitig bis knapp vor die Vorderkante der Fassadenoberfläche geführte Dichtungsbahn geschützt. Eine derartige nicht mechanisch fixierte, bewitterte Bahn ist sicher nicht besonders dauerhaft.

Rollschichten müssen nicht zwangsläufig zu Schäden führen. So sind bei anderen Gebäuden Bienefelds die Rollschichten weitgehend funktionsfähig. Die erforderliche Schlagregendichtigkeit ist aber nicht mit Sicherheit erzielbar. Die in den Bildern dargestellten Details sind weder technisch noch formal überzeugend, da – wie oben erläutert – die Grundkonzeption des Gebäudes einer guten Lösung im Wege steht. Ein aus homogenem Mauerwerk bestehender Wandkörper ist in stark bewitterten Situationen nicht ununterbrochen am Fensteranschluß vorbeiführbar. Der Sachverhalt, daß DIN 4108, Teil 3, einschaliges Sichtmauerwerk selbst beim Einbau einer versetzt angeordneten, vergossenen Schalenfuge nur für mittlere Schlagregenbeanspruchung geeignet hält, ist keine unbegründete Schikane, sondern das Ergebnis langjähriger Schadenserfahrungen. Ich frage mich, ob eine in der Flucht der Außenkante des Fensteranschlags geführte Putzschale eines zweischaligen Mauerwerks ohne Luftschicht und ein geringer Innenanschlag tatsächlich das formale Konzept beeinträchtigt hätten und – ob die von Bienefeld geäußerte Abneigung gegen »verlogene« Verblendschalen wirklich berechtigt ist.

Beeindruckende Architektur hat Vorbildfunktion, und von Bienefelds Bauten gehen viele positive Anregungen aus. Es war meine Aufgabe, kritisch auf weniger nachahmenswerte Aspekte seines formalen Konzepts hinzuweisen. Nun kann man sich fragen, ob die paar Feuchteflecken oder die nachträglich angebrachten Bleche und Flickstellen, die meist nur die Hauptwetterseite betreffen, angesichts des architektonischen Gesamtergebnisses der Rede wert sind. Rob Krier führt zum Sichtmauerwerksbau aus: »Die Qualität des Materials, seine Oberflächenstruktur und Fugenzeichnung, wird erst deutlich, wenn man nahe an das Bauwerk herangeht. Dann treten Fugen, Adern, Härchen und Falten wie bei der menschlichen Haut in Erscheinung. Das Objekt wird haptisch und optisch erfahrbar. Der Geruch des Materials sowie die Zeichnung

5

6

der Patina machen uns das Haus vertraut. In dieser Mikrowelt der Details wandelt sich der anonyme, technische Koloß zum liebgewordenen Individuum. Eine Diele knarrt, eine Wand hat einen Riß, ein Stück Putz ist abgefallen, ein Mauerteil ist ewig feucht, eine Tür klemmt, oder ein Fenstergriff ist abgefallen: das sind die Dinge, an denen ich mein Haus erkenne.«

Natürlich, wie beim liebenswerten Menschen ist auch beim liebenswerten Gebäude die Toleranzschwelle höher als beim charakterlosen Allerweltsbau. Meine Gespräche mit Bewohnern Bienefeldscher Bauten belegen diese Lebenserfahrung überwiegend. Krier geht allerdings bei der Aufzählung liebenswerter Schönheitsfehler provokativ weit – es fehlt nur noch, daß er vom anheimelnden Klang des bei Regenwetter von der Schlafzimmerdecke tropfenden Wassers spricht . . .

Viele Unregelmäßigkeiten an Gebäuden können als hinnehmbare Erscheinungen bewertet werden – durchfeuchtete Innenoberflächen und abfallender Putz zählen dazu nicht. Es wäre fatal, wenn sich junge Architekten in den Fußstapfen der Meister auf die Leidensfähigkeit und den Gleichmut der von ihnen beglückten Bauherrn verlassen würden. Deshalb muß über Banalitäten wie die nicht selbstverständliche Funktionsfähigkeit der Details gesprochen und geschrieben werden.

Literaturhinweise

Die Zitate wurden entnommen aus:
Krier, R.: Über architektonische Komposition, Stuttgart 1989.

Als Dokumentation über Bienefeld-Bauten wurde benutzt:
Speidel, M., S. Legge: Heinz Bienefeld – Bauten und Projekte, Köln 1991.
Heft 87 der Zeitschrift Arch (Nov. 1996) trägt den Titel »Der Teufel steckt im Detail«. Die Beiträge bewegen sich jedoch auf einer sehr abgehobenen Ebene und setzen fälschlich die technischen Detailprobleme moderner Architektur als gelöst voraus.

Fachwerkfassaden

Über den angemessenen Feuchte- und Wärmeschutz von Fachwerkfassaden ist in den letzten Jahren heftig gestritten worden. In eine weit verzweigte Argumentations-Sackgasse führte dabei die Frage, ob Fachwerksanierungen »norm-gerecht« ausgeführt werden müßten, um im Sinne des Werkvertragsrechts als »mangelfrei« zu gelten, und ob vor allem die Schlagregen-, Tauwasser- und Wärmeschutzregeln der Wärmeschutznorm DIN 4108 wortwörtlich anzuwenden seien.

Viele Worte wären entbehrlich gewesen, wenn man sich klargemacht hätte, daß grundsätzlich eine den »allgemein anerkannten Regeln der Bautechnik« entsprechende Werkleistung geschuldet ist. Dieser unbestimmte Rechtsbegriff wird aber keineswegs automatisch und vollständig durch Normregelungen umrissen. Normen bilden nämlich – wie die DIN selbst formuliert – »nicht die einzige, sondern eine Erkenntnisquelle für technisch ordnungsgemäßes Verhalten im Regelfall«.

Sichtfachwerkfassaden stellen aber einen »Sonderfall« dar: Sie sind in DIN 4108 gar nicht aufgeführt, da sie keine »genormte Wandbauart« darstellen; das für den Schlagregenschutz wesentliche Funktionsprinzip der Fachwerkfugen – die vorübergehende Wasserspeicherung – ist bei den »Fugenabdichtungsarten« der Norm nicht berücksichtigt.

Fachwerkfassaden sind also so zu konstruieren und auszuführen, wie es als »wissenschaftlich richtig anerkannt« ist, unter »gut vorgebildeten Technikern bekannt« ist und wie es sich »praktisch bewährt« hat. Es ist also nicht die schematische Anwendung der Normregeln, sondern die praktische Vernunft gefragt. Wie sich aus der Natur eines unbestimmten Rechtsbegriffs ergibt, läßt diese Feststellung viele konkrete Fragen offen, denn man kann lange darüber streiten, welche Schichtenfolge oder welches Fugendetail im Fachwerkbau als »wissenschaftlich richtig« oder »praktisch bewährt« zu gelten habe. Diese Auseinandersetzung ist aber auf die Sache bezogen und vom Ballast der Diskussion über die Erfüllung von Formalien befreit. Hier soll nicht über Fachwerksanierungen berichtet werden, deren besondere Schwierigkeit häufig darin,

1, 2 Unvermeidbare Fugen und Risse bei Fachwerken

besteht, sowohl den denkmalpflegerischen Erfordernissen als auch den Ansprüchen eines heutigen Nutzers gerecht zu werden – auch bei Neubauten findet man in zunehmendem Umfang Fachwerkkonstruktionen: Die Anlässe dazu sind vielfältig. Sie reichen vom Wunsch nach einer formal anspruchsvollen, modernen Holzskelettbauweise über »ökologisch« und »baubiologisch« motivierte Holzkonstruktionen bis hin zum offenbar verkaufsfördernden, fragwürdigen »Gemütswert« einer Fachwerkfront an konventionell errichteten Kaufeigenheimen. Auch diese modernen Fachwerkfassaden zeigen die typischen Problemstellungen. Exemplarisch sollen im folgenden einige Fälle beschrieben werden.

Die wesentlichen Probleme des Sichtfachwerks ergeben sich aus den unvermeidlichen Fugen zwischen den Elementen der Fachwerkfläche und den ebenso unvermeidlichen Schwindrissen im Holz selbst (Bilder 1, 2). Die meisten Schäden bei Fachwerken entstehen aus der irrigen Meinung, man könne diese Fugen und Risse dauerhaft mit Dichtstoffen schließen (Bild 3). Holz zeigt quer zur Faser große, hygrisch bedingte Quell- und

1

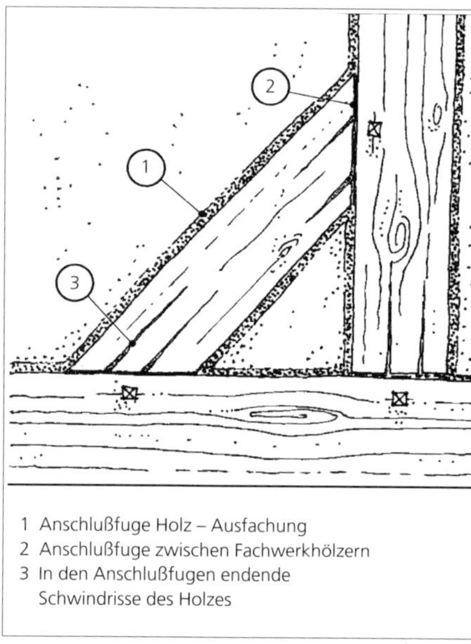

1 Anschlußfuge Holz – Ausfachung
2 Anschlußfuge zwischen Fachwerkhölzern
3 In den Anschlußfugen endende Schwindrisse des Holzes

2

3 Mit Dichtstoffen verschmierte Anschlußfuge reißt
4 Befeuchtung und Austrocknung im Fugenbereich bei verschiedenen Fachwerkquerschnitten

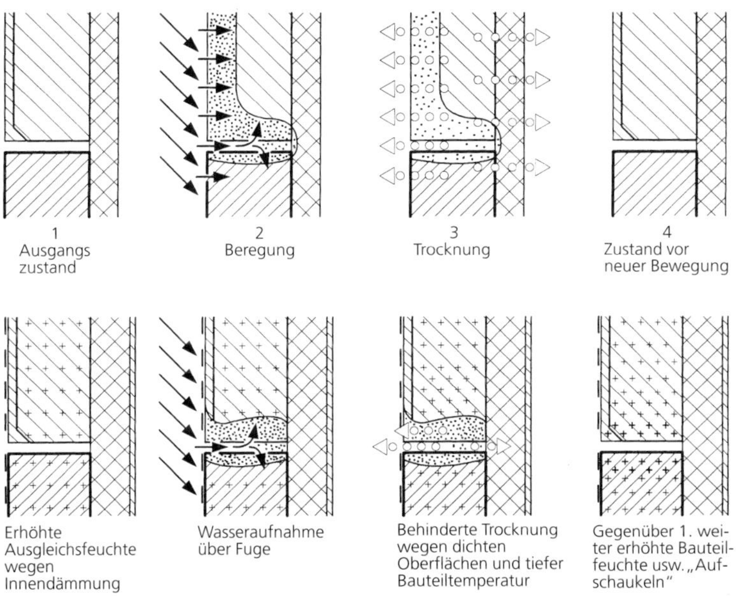

Querschnitt A: Wasseraufnahme, Diffusionswiderstände und Wärmeschutz des Querschnitts entsprechen den im Text näher erläuterten Anforderungen

Querschnitt B: Zunehmende Durchfeuchtung in einem Querschnitt mit nur gering dampfdurchlässigen Außen- und Innenober--flächenschichten und hohem innenseitigem Wärmeschutz

4

Schwindbewegungen, welche die Dichtstoffe im Verlauf der Fugen und Risse überbeanspruchen. Neben einer häufig anzutreffenden unzureichenden Flankenhaftung – z. B. am Putz der Ausfachung – ist dafür im wesentlichen die völlig unzureichende Breite der mit Dichtstoffen zu füllenden Fuge verantwortlich. Die Dimensionierungsregeln der Dichtstoffugennorm DIN 18 540, nach denen die Fugenbreite auf die zu erwartenden Dehnungen abgestimmt werden muß und von einer Dichtstoff-Dauerbeanspruchbarkeit von max. 25% ausgegangen werden soll, können bei Fachwerkgebäuden nicht an jeder Stelle eingehalten werden, da die Risse meist keilförmig auslaufen. Lücken in mit Dichtstoffen gefüllten Fachwerkfugen sind daher praktisch unvermeidbar. Durch diese Lücken eindringendes Wasser ist bei einer sonst dichten Fassade an der Austrocknung behindert, schwere Holzschäden sind die Folgen.

Wie besonders die Untersuchungen von Künzel deutlich zeigen, müssen Fachwerke daher so konstruiert sein, daß das unvermeidlich über die Fugen aufgenommene Wasser nach der Beregnung nach außen und nach innen austrocknen kann. Die Leistungsfähigkeit eines durch die Speicherkapazität und die Austrocknungsmöglichkeiten der Konstruktion bestimmten Schlagregenschutzes ist aber – auch angesichts der geringen üblichen Wanddicken von Fachwerkkonstruktionen – sehr begrenzt. In dieser Hinsicht besteht eine völlige Analogie zum einschaligen Sichtmauerwerk. Aus diesen Überlegungen ergeben sich die wesentlichen Konstruktionsregeln für Sichtfachwerk:

– Die Fuge zum Gefach ist *nicht* mit Dichtstoffugen abgedichtet, sondern kann offen belassen bleiben.

– Sichtfachwerke sind nur bei geringer Schlagregenbeanspruchung (Beanspruchungsgruppe 1) schlagregensicher; bei höherer Beanspruchung sind Bekleidungen oder über das Fachwerk weggeführte Putze erforderlich, wenn nicht durch einen sehr großen Dachüberstand auf anderen konstruktiven Wegen die Schlagregenbeanspruchung der Fassadenfläche weitgehend vermindert wird.

Bei dieser Konstruktionsregel handelt es sich eigentlich um eine Selbstverständlichkeit, da auch im historischen Fachwerkbau hochbeanspruchte Fassadenbereiche immer schon durch

5 Zuordnung von Regenschutz-Maßnahmen und Regenbeanspruchung bei Fachwerkfassaden (Künzel)

Beanspruchungs-gruppe	Regenbeanspruchung	Anforderungen Oberfläche/Ausfachung
I (g)	Fachwerkfassaden in geschützter Lage, wetterabgewandte oder durch benachbarte Bebauung geschützte Fassaden	Keine Anforderungen an Außenputze und Anstriche. Keine Einschränkung in der Wahl der Ausfachungs- und Dämmstoffe
I	Fachwerkfassaden bei geringer Schlagregenbeanspruchung nach DIN 4108, Teil 3	Gering wasserabweisende oder wasserhemmende Außenputze. Außenanstriche $s_d \leq 0{,}1$ m Dampfdurchlässige Ausfachungs- und Dämmstoffe $\mu < 10$
II, III	Fachwerkfassaden bei mittlerer und starker Schlagregenbeanspruchung nach DIN 4108, Teil 3	Regenschutz durch Bekleidungen oder Putzsysteme mit Entkopplungsschicht zwischen Fachwerk und Oberputz. Ausfachung wie bei (g)

hinterlüftete Verschindelungen, Verbretterungen oder auch Putze überdeckt waren.

– Die Wasseraufnahme der Außenputze und Außenanstriche sollte zwar begrenzt, aber nicht völlig unterbunden werden, da über den kapillaren Wassertransport auch ein wesentlicher Teil der Austrocknung erfolgt.

– Die Dampfdurchlässigkeit sowohl nach außen wie nach innen sollte hoch sein. Künzel empfiehlt (Tabelle Bild 5) einen w-Wert des Putzes zwischen 0,3 und 2,0 $kg/m^2/h^{0,5}$, Außenanstriche mit einem sd-Wert von 0,1 m und Ausfachungs- und Dämmstoffe mit einem R-Wert unter 10.

Eine hochdimensionierte Innendämmung hat tiefe Temperaturen im gesamten Fachwerkquerschnitt zur Folge. Damit steigt, bedingt durch die höhere relative Luftfeuchtigkeit, die Ausgleichsfeuchte des Querschnitts, und es steht so eine geringere Speicherreserve für eindringenden Schlagregen zur Verfügung. Zugleich werden im kalten Außenquerschnitt die Austrocknungsmöglichkeiten durch Diffusion aufgrund eines geringeren Wasserdampf-Teildruckgefälles zusätzlich verschlechtert. Bewitterte Sichtfachwerke vertragen daher keine hochdimensionierte Innendämmung. Ein Merkblattentwurf des WTA schlägt einen Wärmedurchlaßwiderstand von maximal 0,8 m^2K/W als Grenzwert vor. Dies entspricht bei für diesen Anwendungszweck besonders geeigneten Holzwolleleichtbauplatten einer Dicke von etwa 8 cm.

Bei einer Reihenhauszeile in Fachwerkbauweise (Bilder 6, 7), deren Ausfachung aus Kalksanstein-Sichtmauerwerk bestand, unterliefen besonders schwerwiegende Fehler bei der Abdichtung der Schwellenhölzer, indem die gewebearmierte Dickbeschichtung des Sockelbetons in der wohlmeinenden Absicht eines verbesserten Spritzwasserschutzes bis über das Schwellenholz geführt wurde. Das eindringende Wasser ist hier völlig an der Austrocknung behindert. Bereits nach wenigen Jahren Standzeit war in einigen Teilbereichen das statisch wichtige Schwellenholz weitgehend zerstört. Der eigentliche Konzeptionsfehler liegt hier in der Anordnung des empfindlichen Schwellenholzes unmittelbar über der Geländeoberfläche. Gegen die jahrhundertealte Regel, die Fachwerkkonstruktion so hoch auf einem gemauerten Sockel beginnen zu lassen, daß die Spritzwasserbeanspruchung nicht bis zum Holz reicht, sollte daher auch heute nicht verstoßen werden.

Die nach Westen orientierte Gartenfassade einer in konventioneller Mauerwerksbauweise errichteten Reihenhaussiedlung bestand in wesentlichen Teilen aus über die gesamte Gebäudehöhe verlaufenden Fensterwänden in Fachwerkbauweise (Bild 8). Die Fenster und Gefache waren hier stumpf in die außen wie innen sichtbar belassene Pfosten-Riegelkonstruktion aus Kanthölzern eingesetzt. Man suchte den erheblichen Schlagregen- und Luftdichtheitsproblemen im Bereich der Anschlußfugen zunächst durch mehrfaches Überschmieren mit Dichtstoffen (Bild 9), dann durch eine nachträgliche außenseitige Anschlagausbildung durch Aufnageln eines breiteren Brettes auf die Pfosten vergeblich Herr zu werden. Erst als eine zweite hinterlüftete, in Fachwerkkonstruktion errichtete Verblendschale vor der Fassade errichtet wurde, waren die Schadensprobleme dauerhaft beseitigt.

In den letzten Jahren ist es Mode geworden, durchschnittliche Kaufeigenheime durch Fachwerkversatzstücke »optisch aufzu-

6

7

8

9

10

6, 7 Reihenhäuser in Fachwerkbauweise – erhebliche Holzzerstörungen an den unmittelbar dem Spritzwasser ausgesetzten und teilweise durch die Dickbeschichtungen überdeckten Schwellenhölzern
8, 9 Bei außen und innen sichtbar belassener Fachwerkkonstruktion von Fensterwänden ist weder durch außen- und innenseitige Dichtstoffüberspachtelungen noch durch nachträgliches Übernageln der äußeren Anschlüsse Dichtigkeit herstellbar
10 Erker in Fachwerkbauweise mit erheblichen Schlagregenschutzproblemen

werten«. So prangen dann Fachwerkerkerchen als »Schmuckstück« auf der Brust des Mauerwerkbaus (Bild 10). Sind diese fragwürdigen Konstruktionen stark dem Schlagregen ausgesetzt, sind Durchfeuchtungen unausweichlich. Von derartigen Fachwerkkonstruktionen ist günstigstenfalls der gleiche Schlagregenschutz zu erwarten, der von einer Verblendschale geleistet werden kann. Wie bei Verblendschalen sind dann eine zweite feuchtigkeitsschutztechnisch getrennte Innenschale, Fußpunktabdichtungen und Entwässerungen erforderlich.

Hinterlüftet bekleidete Fachwerkkonstruktionen sind hinsichtlich des Schlagregen- und Wärmeschutzes unproblematisch. Solche Konstruktionen sind daher im Rahmen des kostengünstigen Bauens in Holzbauweise bei hohem Wärmeschutzstandard empfehlenswert und auch üblich. Ihr Haupt problem ist die ausreichende Luftdichtheit des Querschnitts. Der seit April 1996 als Vornorm vorliegende Teil 7 der DIN 4108 – Luftdichtheit von Bauteilen und Anschlüssen – gibt zwar an, daß die Luftdichtheit auch durch die innere Gipskarton- oder Holzwerkstoffplattenverkleidung allein hergestellt werden könne, von einer solchen Lösung ist aber abzuraten, da unter baupraktischen Bedingungen Unterbrechungen und Abrisse an den Anschlüssen dieser Innenschale fast die Regel sind. Hinter einem Installationsraum sollte eine eigene Luftdichtheitsschicht flächig verlegt und an den Stößen verklebt werden. Einen hohen Diffusionswiderstand benötigt diese Schicht nicht. Es reichen daher z. B. gewebeverstärkte Papiere aus. Auch dieses letzte Beispiel zeigt, daß eine »normgerechte« Lösung keineswegs »mangelfrei« sein muß.

Literaturhinweise

Folgende Normen wurden zitiert:
DIN 4108-4: 1981-8 – Wärmeschutz im Hochbau, Klimabedingter Feuchteschutz – Anforderungen und Hinweise für die Planung und Ausführung.

DIN V4108-7: 1996-4 – Wärmeschutz im Hochbau, Luftdichtheit von Bauteilen und Anschlüssen.

DIN 18540: 1995-2 – Abdichten von Außenwandfugen im Hochbau mit Fugendichtstoffen.

Es ist zu hoffen, daß sich das noch als Entwurf vorliegende Merkblatt des WTA 8-1-96 »Bauphysikalische Anforderungen an Fachwerkfassaden« als Regelwerk einführt, zu beziehen über die WTA–Geschäftsstelle, Ahornstraße 5, 82065 Baierbrunn.

Die zitierte Einschätzung der Bedeutung von DIN-Normen durch die DIN ist im Anfangskapitel des »Führers durch die Baunormung« abgedruckt. Für die richtige Einschätzung von Fachwerken sind die Untersuchungen von H. Künzel von wesentlicher Bedeutung. Besonders hervorzuheben ist sein Beitrag: »Regenschutz, Feuchteschutz und Wärmeschutz von Fachwerkwänden – Hinweise für Sanierung und Neubau«, erschienen in der Zeitschrift wksb 35/95. Diesem Aufsatz ist auch die Tabelle 5 entnommen.

Die Anmerkungen zu Beginn des Aufsatzes spielen auf die Diskussionen an, die von 1993 bis 1996 vor allem durch A. Fingerling und J. Schulze in der Zeitschrift Bausubstanz geführt wurden. Die »Schlußworte« von J. Schulze: »Fachwerksanierung und Denkmalpflege – Schutz und Sanierung von Fachwerkbauten, Teil 7«, erschienen in Bausubstanz, Heft 10/1996, können besonders zur Lektüre empfohlen werden.

M. Gerner hat schon im Buch »Fachwerksünden« (Schriftenreihe des Deutschen Nationalkomitees für Denkmalschutz, Band 27, 2. Auflage 1989) u. a. auf baukonstruktive und bauphysikalische Probleme hingewiesen.

Nachträglicher Wärmeschutz – Innendämmungen

Soll in Deutschland der Heizenergieverbrauch drastisch gesenkt werden, so muß vor allem der Wärmeschutz bestehender Gebäude verbessert werden. So liegt der Wärmedurchgang bei Außenwänden, die nach den Mindestanforderungen der fünfziger, sechziger und siebziger Jahre bemessen wurden, mit k = 1,4 bis 1,8 $W/(m^2K)$ um ein Vielfaches über dem Wert moderner Außenwandkonstruktionen. Im Mietwohnungsbau ist bereits einiges zur Verbesserung des Außenwandwärmeschutzes geschehen. Das ist aber nach meiner Beobachtung weniger die Folge der Wärmeschutzverordnung, die bei Ersatz oder Erneuerung von Bauteilen einen maximalen k-Wert von 0,5 bzw. 0,4 $W/(m^2K)$ fordert, sondern eher eine teilweise durch Fördermittel beschleunigte Reaktion der Vermieter, den nervenaufreibenden Streit über Schimmelpilzprobleme in mindestwärmegedämmten Häusern zu beenden (siehe Abschnitt 3.3).

Zweifellos sind die beiden angesprochenen Hauptziele eines nachträglichen Wärmeschutzes – Heizenergieeinsparung und Anhebung der Innenoberflächentemperatur zur Vermeidung von Schimmelpilz – grundsätzlich besser durch eine möglichst lückenlose Außendämmung zu erreichen. Das gilt erst recht, wenn mit der neuen Außenhülle zugleich andere Fassadenprobleme wie Risse, Fugenundichtigkeiten und Betonkorrosion beseitigt werden.

Soll oder darf die Fassadenansicht nicht verändert werden, oder gilt es, nur den Wärmeschutz einzelner Räume zu verbessern oder Wärmebrücken in kleineren Außenwandbereichen zu entschärfen, so sind Innendämmungen unumgänglich bzw. sinnvoll. Die bauphysikalischen Zusammenhänge bei Innendämmungen sind offensichtlich bei vielen Baupraktikern nicht ausreichend detailliert bekannt: Einerseits werden – wie Schadensfälle zeigen – die typischen Schwachstellen und Besonderheiten dieser Bauweise bei der Planung und Bauausführung nicht ausreichend beachtet, andererseits findet man nicht selten eine übertrieben negative Grundeinschätzung von Innendämmungen, die ihre wirtschaftliche Anwendung behindert.

Da es Aufgabe der nachträglichen Wärmedämmung ist, den Wärmedurchgang durch Außenbauteile weitgehend zu ver-

1

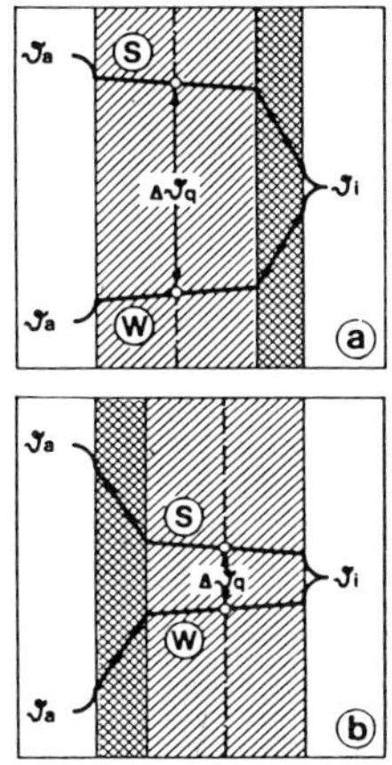

2

1 Tauwasserbildung auf einer innenseitig mit Mineralfaser wärmegedämmten Fensterwand
2 Temperaturverläufe in innen (a) und außen (b) wärmegedämmten Wandquerschnitten; die im Winter (W) tiefen Temperaturen im Wandquerschnitt sind deutlich sichtbar (Schild u. a.)

mindern, wird nach der Innendämmung von Wandbauteilen der ursprüngliche Querschnitt durch die während der Heizperiode im Gebäudeinneren bereitgestellte Heizenergie kaum noch erwärmt.

Dieser einfache Sachverhalt ist die grundsätzliche Ursache für mehrere bauphysikalische Probleme. An der Grenzschicht zwischen Innendämmung und tragender Wand können gegebenenfalls so tiefe Temperaturen auftreten, daß es zur Kondensation von eindiffundierender Raumluftfeuchte kommt. Die Bedeutung dieses Vorgangs, der planerisch durch die Wasserdampfdiffusionsnachweise der DIN 4108 Teil 3 zu berücksichtigen ist, wird jedoch in der Regel erheblich überschätzt. Nur in sehr seltenen Fällen sind in der Praxis Schäden zu beobachten, die eindeutig auf Tauwasserbildung zurückzuführen sind.

Das abgebildete Beispiel (Bild 1) zeigt einen solchen Sonderfall: Im Rahmen einer Umplanung war es bei einem Neubau notwendig geworden, eine Fensterwand nachträglich innenseitig in Teilabschnitten zu schließen. Außenseitig sollte später eine Verkleidung aufgebracht werden. Da als Innenverkleidung eine sehr dampfdurchlässige Mineralfaserdämmung ohne weitere dampfsperrende Schichten gewählt wurde, während die Außenseite aus einer absolut dampfdichten und nicht speicherfähigen Isolierglasscheibe bestand, waren erhebliche Tauwassermengen an der Grenzschicht zwischen Innendämmung und Isolierglasscheibe zu beobachten. Die Schadensursache konnte durch Aufbringen einer innenseitigen Dampfsperre beseitigt werden.

Bereits DIN 4108 weist darauf hin, daß Innendämmungen hinsichtlich der Tauwasserbildung – z. B. bei Mauerwerkswänden – unproblematisch sind, wenn der Wasserdampfdiffusionssperrwert der Innenschichten mindestens 0,5 m beträgt. Diese Anforderung wird bereits von einer 3 cm dicken Schicht aus Polystyrolhartschaum (PS15) erfüllt.

Die wirklichen Wassertransportvorgänge in porösen Baustoffen sind wesentlich komplexer, als dies das Diffusionsberechnungsverfahren der Norm beschreibt. Einerseits nimmt der Feuchtegehalt im Baustoff bereits vor einer Tauwasserbildung durch Sorptionsvorgänge deutlich zu, andererseits wird anfallendes Tauwasser durch Kapillartransport im Querschnitt verteilt und findet so günstigere Austrocknungsbedingungen. Es handelt sich also um die Überlagerung von Sorptions-, Diffusions- und Kapillaritätsvorgängen. Tatsächlich sind daher – wie Kießl nachweist und die Erfahrung lehrt – bei porösen Wandbaustoffen selbst sehr diffusionsoffene Mineralfaserdämmstoffe auch ohne innenseitige Dampfsperren häufig funktionsfähig. Tauwasserschäden sind allerdings sicher zu erwarten, wenn die feuchtigkeitsangereicherte Raumluft durch Luftströmung (Konvektion), z. B. über Lücken in einer innenseitigen Dämmstoffverkleidung, an die kalte Außenwand gelangen kann.

Das Beispiel (Bilder 3, 4) zeigt eine durch unsachgemäße Verklebung an den Stößen abgelöste Innendämmung aus Polystyroltapete. Hier konnten deutlich Tauwassertropfen festgestellt werden, die zum Auflösen des Klebers und damit zu immer weiter zunehmenden Schäden führten. Die niedrigen winterlichen Temperaturen im ursprünglichen Wandquerschnitt haben insgesamt einen deutlich höheren Sorptionsfeuchtegehalt der Wand zur Folge; die verminderte Energiezufuhr verschlechtert zudem die Austrocknung des Wandquerschnitts: Immer dann, wenn der Schlagregenschutz der Außenwand mit einer vorübergehenden Wasserspeicherung im Querschnitt verbunden ist – und dies ist grundsätzlich bei Sichtmauerwerk- und Sichtfachwerkkonstruktionen der Fall –,

3

3, 4 Hinterströmbare Innendämmung führt zu starker Tauwasserbildung und Verseifung des Klebers
5 Auswirkung der Unterbrechung von Innendämmungen durch einbindende Wand- und Deckenbauteile auf den k-Wert einer Außenwand (Gertis nach Andersson)

4

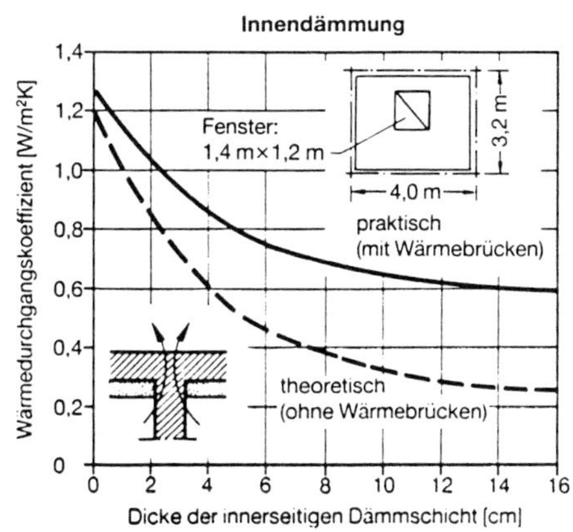

5

wird daher durch Innendämmungen der Schlagregenschutz verschlechtert. Darauf ist besonders bei historischen Gebäuden zu achten. Im Hinblick auf Sichtfachwerk wurde dies im vorigen Kapitel (Seite 55) besprochen. Auch in bewitterten Sichtmauerwerkswänden aufliegende Balkenköpfe sind bei Innendämmungen gefährdet.

Die meisten Probleme zeigen sich bei Innendämmungen an den Rändern und an Lücken der Dämmschichten. Gebäude weisen fast immer in die Außenwände einbindende Innenwände und Decken auf, die Innendämmungen unterbrechen. Diese Wärmebrücken haben erhebliche Folgen für den erzielbaren Wärmeschutz des Gesamtgebäudes: So weist Andersson/Gertis für die in der Abbildung 5 dargestellte Situation nach, daß z. B. bei einer 12 cm dicken Innendämmung aufgrund der Wärmebrücken der einbindenden Decken- und Wandbauteile der tatsächliche Wärmedurchgang um das Doppelte über dem theoretisch ohne Wärmebrückenwirkung ermittelten Wert liegt. Gerade bei hochgedämmten Konstruktionen sind diese Wärmebrücken also nicht zu vernachlässigen. Einbindende Bauteile müssen daher in den Wärmeschutz, z. B. durch Randdämmstreifen, einbezogen werden.

Sehr häufig werden die Fensterleibungen bei nachträglichen Innendämmungen nicht mitgedämmt, da sonst die Fenster ausgetauscht werden müßten. Erhebliche Wärmeverluste und Schimmelpilzprobleme sind die Folgen: Die Bilder 6 und 7 zeigen einen solchen Fall. Auf den lückenlosen Anschluß der Dämmung im Bereich der Fenster ist demnach sehr zu achten. Ungünstigenfalls kann auf Stemmarbeiten zur Beseitigung des alten Innenputzes nicht verzichtet werden, um Platz für einen zumindest wenige Zentimeter dicken Dämmstoffstreifen am Rahmenanschluß zu erhalten.

Innendämmungen werden vorzugsweise nur zonenweise verwendet, um Wärmebrücken zu beseitigen. Die Ränder dieser Teildämmungen sind besonders problematisch, da am Rand der Innendämmung die Oberflächentemperatur unter den Wert des ungedämmten Regelquerschnitts absinkt. Abbildung 8 zeigt eine nachträglich innengedämmte Außenecke (»geometrische Wärmebrücke«). Am Rand der unter der Tapete befindlichen Dämmung treten nun neue Schimmelpilze auf. Das Schadensproblem wurde nur von der Ecke an den Rand der Dämmung verlagert. Diese Schäden können auf zwei Wegen vermieden werden. Entweder muß man dafür sorgen, daß die Wärmedämmung nicht abrupt endet, sondern nach und nach ausläuft (keilförmige Dämmstreifen bzw. versetzt dünne Dämmstofflagen), oder die Wärmedämmung muß mit einem wärmequerleitenden Material abgedeckt werden (Naßputz). Auch dickere Aluminiumfolien können zur Wärmequerleitung verwendet werden.

Besonderes Augenmerk verdienen die Lücken in Innendämmungen. Architekten und Ausführende machen sich in vielen Fällen nicht klar, daß kleinere Spalten an Dämmplattenstößen

6

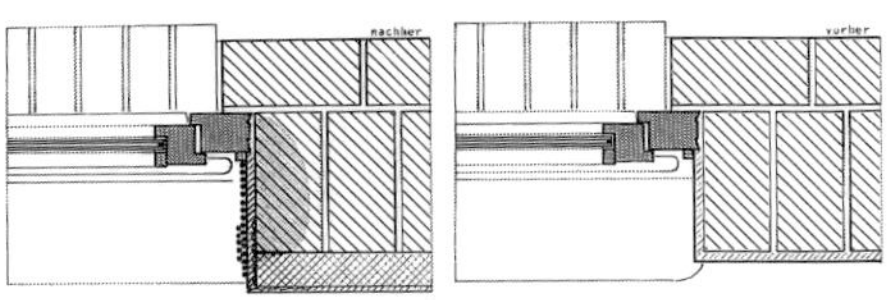

7

8

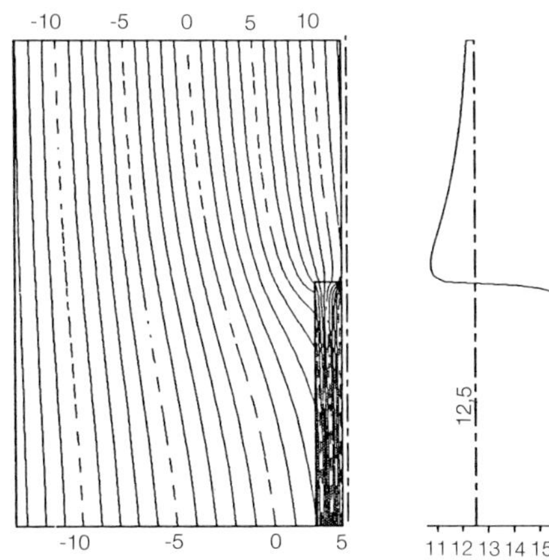

9

oder Unterbrechungen durch Befestigungen, die bei Außendämmungen meist unproblematisch sind und daher bei der Bauausführung häufig nicht näher beachtet werden, bei Innendämmungen Schäden hervorrufen können. Bei Lücken in Außendämmungen wird der Wärmebrücke durch Querleitung aus größeren Wandbereichen die Wärme zugeführt – die Wärmeverluste also großflächig auf der Wandinnenoberfläche verteilt, während die gleiche Lücke bei Innendämmungen zu einer scharf begrenzten deutlichen Absenkung der Oberflächentemperatur führt.

6, 7 Lücken an Innendämmungen im Bereich von Fensterleibungen führen zu Schimmelpilzschäden
8 Schimmelpilz am Rand der Innendämmung einer Außenecke
9 Temperaturabsenkung am Rand einer Innendämmung (Mainka u. a.)

10-12 Lücken in Innendämmungen an Dämmplattenstößen und Metalldübelbefestigungen sind deutlich als Schimmelpilz und Rostflecken sichtbar
13 Ausführungsbeispiele zur Verhinderung von Lücken in Innendämmungen (Abel u. a.)

10

11

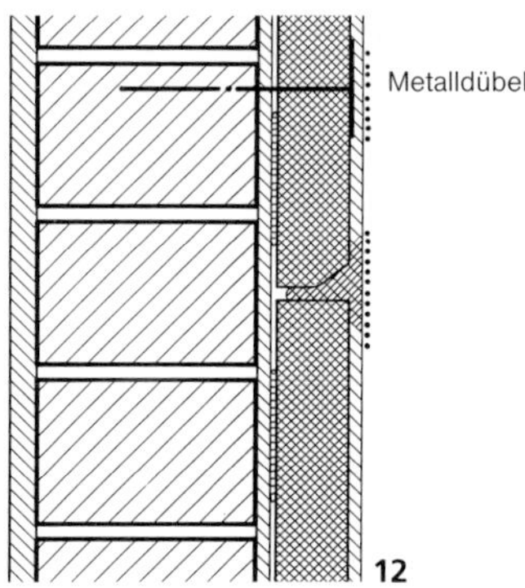

12

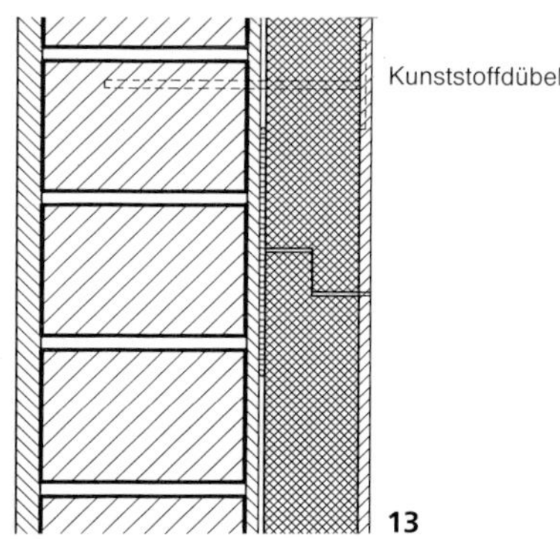

13

Die Bilder 10 bis 12 zeigen die Mörtelbrücken an den Stößen von Innendämmplatten bzw. Metalldübelbefestigungen, die sich als Schimmelpilz oder auch Rostzonen bemerkbar machen. Dieses Problem muß also besonders beachtet werden: beispielsweise Dämmplatten mit Überfalzung und Kunststoffdübel verwenden und wärmequerleitende Abdeckungen anbringen.

Bei dynamisch steifen Dämmstoffen (Hartschäumen, Holzwolleleichtbauplatten) wirken sich Innendämmungen negativ auf den Schallschutz, insbesondere bei der Längsdämmung aus.

Dieser Aspekt ist besonders im Mehrfamilienwohnungsbau bezogen auf den Schallschutz von Wohnungstrennwänden zu beachten.

Innendämmungen setzen also beim Planer vertiefte Kenntnisse und beim Ausführenden und Bauleiter erhöhte Sorgfalt und Wachsamkeit voraus. Sie sind aber keineswegs grundsätzlich und pauschal abzulehnen.

Literaturhinweise

Eine zusammenfassende Darstellung der bauphysikalischen Probleme von Innendämmungen ist in dem Fachbuch: Oswald u. a.: Nachträglicher Wärmeschutz für Bauteile und Gebäude, Wiesbaden 1995, zu finden.

Im Tagungsbericht: Aachener Bausachverständigentage 1992 berichtet K. Kießl ausführlich u. a. über die Feuchtetransportvorgänge bei Innendämmungen, E. Cziesielski und A. Rahn stellen die Anwendung von wärmequerleitenden Aluminiumfolienabdeckungen vor. H. M. Künzel (Holzkirchen) entwickelte ein Rechenprogramm für diese Feuchtetransportvorgänge.

Die Temperaturverteilung im Wandquerschnitt bei Innendämmungen mit Wärmebrücken kann besonders anschaulich im Wärmebrückenkatalog von Mainka und Paschen (Stuttgart 1986) nachvollzogen werden (Bild 9).

Die Untersuchungen über die Auswirkungen von Unterbrechungen in Innendämmungen auf den k-Wert (Bild 5) hat Gertis nach Andersson im Aufsatz »Wärmedämmung innen oder außen?« dargestellt (DBZ 5/87). Leider werden diese Ergebnisse im Rahmen der neuen Wärmeschutzverordnung viel zu wenig zitiert. Zeigt doch das abgebildete Diagramm, daß zumindest im Hinblick auf Innendämmungen eine erhebliche weitere Absenkung des Außenwand-k-Wertes baupraktisch unsinnig ist.

Über die häufigsten Schäden bei nachträglichen Innendämmungen berichtet das AIBau (Abel u. a.), 1991, im Forschungsbericht »Schadensschwerpunkte bei Sanierungs- und Instandhaltungsmaßnahmen« der im Auftrag des BMBau, Bonn, erarbeitet wurde.

Verputzte Außenwände

Kehrseiten – verputztes Leichtziegelmauerwerk

Jedes Ding hat zwei Seiten; jede Verbesserung wird mit Nachteilen an anderer Stelle erkauft – das sind zwar ziemlich abgedroschene Weisheiten, deren Richtigkeit sich in vielen Fällen aber bestätigt. Das trifft auch für die uralte Bauweise der einschaligen verputzten Ziegelaußenwand zu, deren Weiterentwicklung in den letzten Jahrzehnten bemerkenswert ist. Triebkräfte waren erheblich erhöhte Anforderungen an den Wärmeschutz und die Rationalisierung. Verzeichnete vor 25 Jahren die Wärmeschutznorm DIN 4108 (1969) für den gängigen, 1,2 kg/dm³ schweren Leichtziegel einen Wärmeleitwert von 0,52 W/mK, so weisen heute praxisübliche, in Leichtmörtel vermauerte Leichthochlochziegel bei Ziegelrohdichten von 0,7 kg/dm³ einen Wärmeleitwert von 0,18 bis 0,21 W/mK auf (untere Grenzwerte z. Zt.: Rohdichte 0,6; Wärmeleitwert 0,16). Die fast dreifache Verbesserung des Wärmeschutzes ist mit einer erheblichen Verminderung des Wandgewichtes und auch der Scherbenrohdichte verbunden. Die Steinformate sind bis auf 49 cm angewachsen, der Mörtelfugenanteil ist minimiert.

In den letzten Jahren werden bei neuen Ziegelbauten mit durchschnittlichen Abmessungen, üblicher Baukonstruktion und Materialkombination sowie jahrzehntelang gebräuchlichen Kalkzementaußenputzen vermehrt Risse beobachtet, die zu einem wichtigen Teil auf das geringe Gewicht und auch die geringe Scherbenrohdichte zurückzuführen sind. (Daß nicht jeder Riß an den im folgenden dargestellten Gebäuden als Mangel einzuschätzen ist, sei hier nur am Rande erwähnt.)

Der erste Rißschadensfall betrifft eine Gruppe qualitativ hochwertiger, voll unterkellerter zweigeschossiger Einfamilien-

1 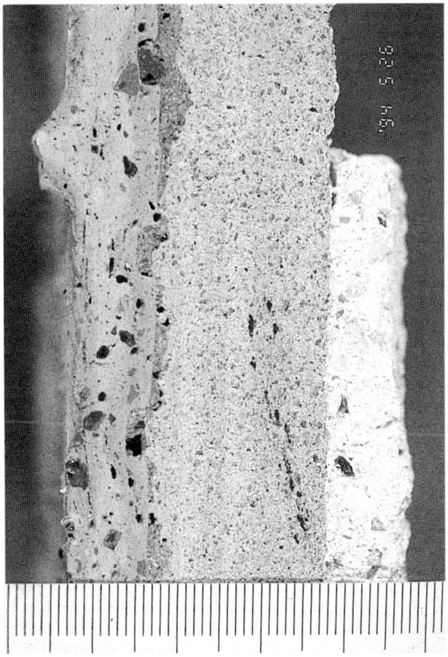

 2

reihenhäuser mit ausgebautem Satteldachgeschoß. Mit Außenwänden aus 30 cm dichtem Leichthochlochziegelmauerwerk und tragenden Innen- und zweischaligen Haustrennwänden aus 17,5 cm dicken Hochlochziegeln (jeweils Festigkeitsklasse 6, Ziegelrohdichte 0,7) war kein Mischmauerwerk verwendet worden; die Stahlbetondecken wiesen mit 11 m keine ungewöhnlichen Längen auf. über den Ortgangkanten der Trennwandgiebeldreiecke und in Höhe der Mittelpfettenauflager waren Stahlbetonrandgurte (17,5 x 20 cm) eingebaut. Als Außenputz war auf Spritzbewurf ein zweilagiger wasserabweisender Kalkzementputz aus Werktrockenmörtel aufgebracht (Bild 1), der laut Prüfungszeugnissen eine Normdruckfestigkeit von 7 N/mm² aufwies. In den ersten beiden Jahren nach der Fertigstellung traten an den fünf Gebäuden insgesamt etwa 40 horizontale Risse im Bereich der Fensterpfeiler auf (Bild 2). Ein Drittel der Rißbildungen lag im Erdgeschoß, zwei Drittel der Rißbildungen traten im Obergeschoß der Gebäude auf. Dabei waren überwiegend jene Fenster-

1 Schichtenfolge des Außenputzes
2 Typisches Rißbild an den Fensterpfeilern im Obergeschoß neben der Haustrennfuge

3 Fassadenausschnitt mit typischem Rißbild
4 Rißverlauf und Rißbreiten (in mm) in der Außenwand und der anschließenden Haustrennwand (Eckansicht von innen)

3

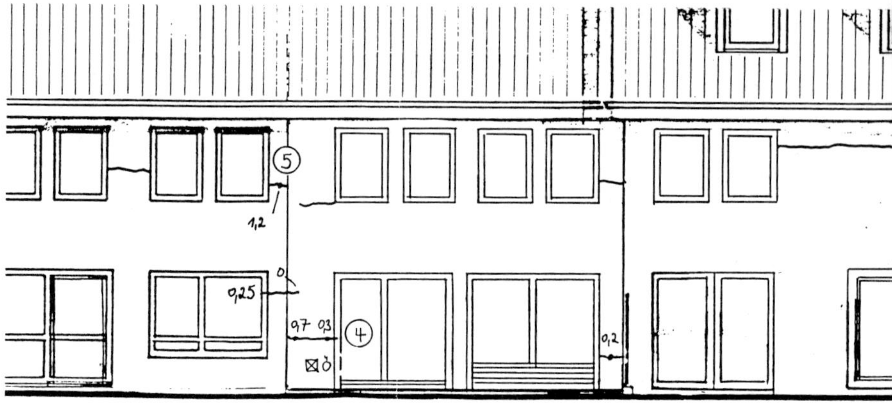

4

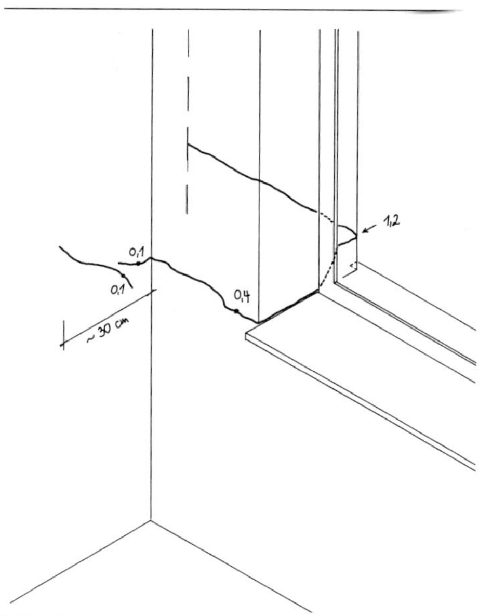

pfeiler betroffen, die an den Außenecken der einzelnen Reihenhäuser, d. h. vor den innenseitig einbindenden Haustrennwänden lagen (Bild 3). Rund zwei Drittel der Risse waren unter 0,2 mm, die restlichen bis auf wenige Ausnahmen um 0,5 mm breit. Bei den breitesten Rissen war das Mauerwerk völlig durchtrennt, so daß der Riß auch innenseitig sichtbar war und dann in den anschließenden Haustrennwänden auslief (Bild 4).

Es ist ein grundsätzliches Dilemma des praktisch tätigen Sachverständigen, daß er nicht, wie der an Versuchsgebäuden forschende Wissenschaftler, die Geschichte eines Gebäudes und die genauen Eigenschaften der verwendeten Materialien bis ins letzte kennen und untersuchen kann: Manche Sachverhalte sind im nachhinein nicht mehr verläßlich rekonstruierbar, oder der Untersuchungsaufwand zur vollständigen Klärung steht in keinem sinnvollen Verhältnis zur Bedeutung der beobachteten Schäden. Im vorliegenden Fall wurde daher auf umfangreiche zerstörende Probeentnahmen und Laboruntersuchungen verzichtet. Auf die Schadensursachen wird vielmehr aus dem Rißbild und der konstruktiven Gesamtsituation geschlossen. Wie für Bauschäden typisch, liegt offensichtlich eine Überlagerung mehrerer Ursachen vor, die in mehrfacher Weise mit dem oben angesprochenen Problem des geringen Gewichts und der geringen Scherbenrohdichte von Leichthochlochziegeln zusammenhängt.

Die Putzregel eines Feuchtigkeitsgefälles vom Putzgrund zur Putzaußenseite hin konnte bei altem Ziegelmauerwerk durch übliche Kalkzementputze erfüllt werden. Dies trifft bei Leichtziegeluntergründen nicht mehr zu. Etwa seit 1986 ist durch eine Anzahl von Veröffentlichungen und Merkblättern (allerdings nicht durch Normen) in Fachkreisen allgemein bekannt, daß die Putzfestigkeit auf Leichtziegeluntergrund im Hinblick auf die Normdruckfestigkeit einen Wert zwischen 2,5 bis maximal 5 N/mm^2 aufweisen soll. Wie diese niedrige Putzfestigkeit mit geringer Schwankungsbreite erreicht werden kann, war lange Zeit nicht klar, bis schließlich durch die Entwicklung von Leichtputzen aus Werktrockenmörteln eine befriedigende Lösung dieses Problems gefunden wurde. Heute weisen alle Fertigputzhersteller ausdrücklich darauf hin, daß zum Verputzen von Leichtziegeluntergründen Leichtputze verwendet werden müssen. Der hier verwendete Putz war also zu hart. Weichere Putze mit niedrigem E-Modul sind wesentlich eher in der Lage, unvermeidliche kleinere Verformungen und Rißbildungen des Untergrunds zu überbrücken. Mit sehr großer Wahrscheinlichkeit wäre eine Vielzahl der feinen Rißbildungen an der Putzoberfläche des Gebäudes nicht sichtbar geworden, wenn ein weicherer Putz verwendet worden wäre. Die breiteren Risse über 0,2 mm sind allerdings auch bei anderer Putzwahl nicht zu überbrücken.

Die breiteren Rißbildungen (Bild 5) sind vor allem durch die Verkürzung der Stahlbetondecken und der Stahlbetongiebelgurtbalken gegenüber dem Ziegelmauerwerk der tragenden Giebelwände zu erklären. Besonders ungünstig hat sich der Stahlbetonrandgurt über den Giebeldreiecken ausgewirkt, der zum Abheben der Deckenecken beiträgt. Wie Pfefferkorn in »Risseschäden an Mauerwerk« ausführlich darstellt, hätte das Problem z. B. durch Überzüge oder Zugglieder in den Gebäudeecken berücksichtigt werden können.

Einige Rißbildungen im Erdgeschoß in der Pfeilermitte sowie Rißbildungen in der Mitte der Außenwandfläche vor tragenden Wänden sind durch die dargestellten Vorgänge nicht erklärbar. Derartige Risse treten auf, wenn bei Außen- und Innenwänden Steinmaterialien mit unterschiedlichem Schwind- bzw. Kriechverhalten miteinander kombiniert werden. Hier ist zwar grundsätzlich durch die ausschließliche Verwendung von Ziegelmaterial diesem Sachverhalt Rechnung getragen worden; Ziegelmaterialien können aber Verformungseigenschaften aufweisen, die deutlich vom »Rechenwert« von DIN 1053, Teil 1, abweichen. Dort wird ein Endschwindmaß von 0 angegeben. In der Normtabelle ist aber auch vermerkt, daß Schwindverkürzungen von 0,2 mm/m und Quellerscheinungen bis 0,3 mm/m möglich sind. Es müssen hier offenbar Verformungsdifferenzen zwischen den tragenden Innenwänden aus Hochlochziegel und den tragenden Außenwänden aus Leichthochlochziegeln von 0,2-0,3 mm/m vorgelegen haben, um die zu beobachtenden Risse zu erklären. Diese unterschiedlichen Verformungseigenschaften von Ziegelmauerwerk sind vom jeweiligen Hersteller und von der Lagerung des Steinmaterials abhängig. Alle angesprochenen schadenauslösenden Vorgänge sind nach wenigen Jahren

5

5 Die größte Rißbreite liegt bei 1,2 mm

Standzeit abgeklungen. Mit Rißerweiterungen oder neuen Rissen ist daher nicht zu rechnen.

Der zweite Schadensfall zeigt augenfällig, daß mit der Putzwahl allein die Rißprobleme keinesfalls gelöst werden können. Es handelt sich um eine »baubiologisch« konzipierte Reihenhausgruppe über polygonalem Grundriß, die, ebenfalls voll unterkellert, zweigeschossig mit offener Deckenkonstruktion ausgeführt wurde. Die konstruktive Besonderheit dieses Gebäudes, deren bautechnischer Sinn für mich nicht rekonstruierbar ist, bestand darin, die Holzbalkendeckenkonstruktion völlig unabhängig von der aus Leichthochlochziegeln (4/0,8) bestehenden Außenwandhülle durch eine Holzstützenkonstruktion zu tragen (Bild 6). Die 36,5 cm dicken Leichtzie-

6 Konstruktive Gesamtsituation Fall 2: unbelastete Leichtziegel-Außenhülle und innere Holzkonstruktion

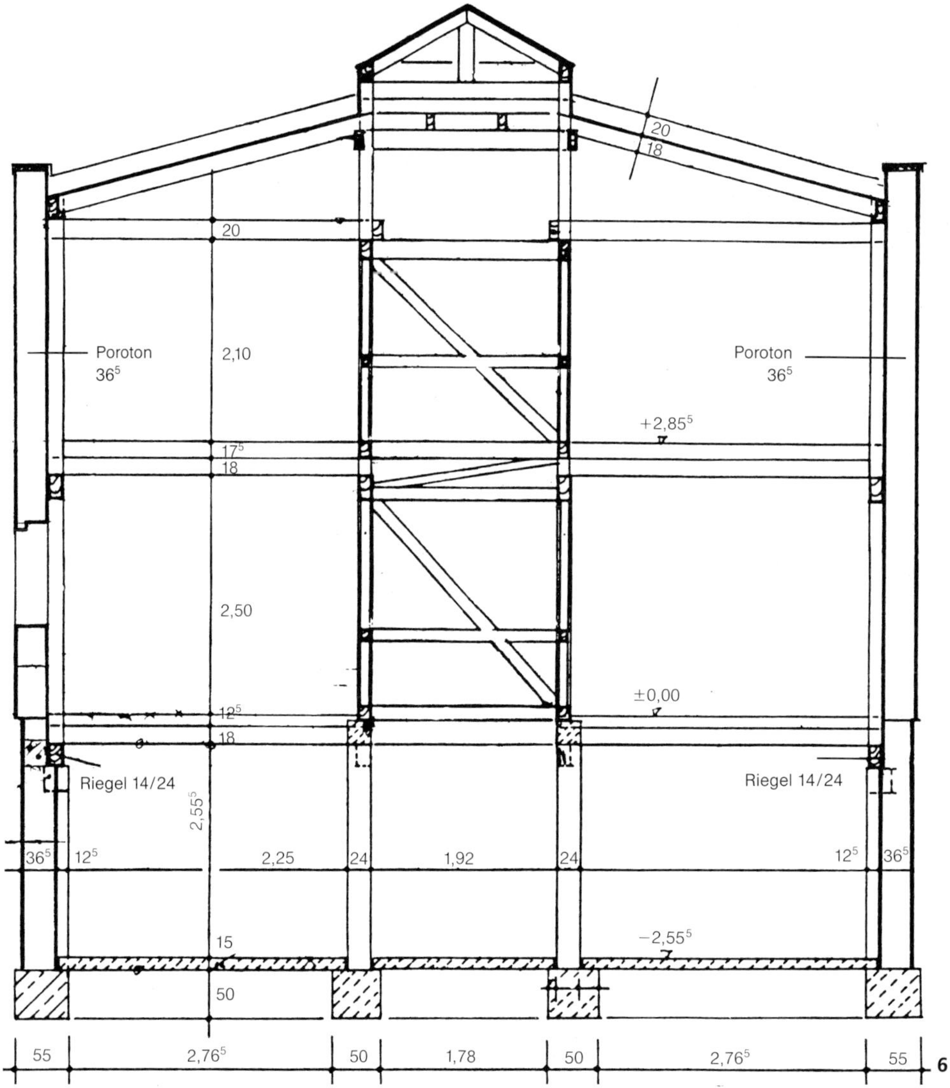

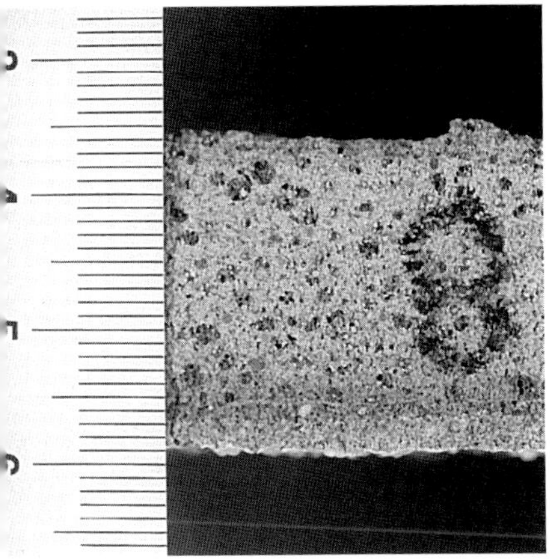

7

8

7 Der Leichtputz
8 Typischer Horizontalrißverlauf an den spitzwinkligen Gebäudeaußenecken der Wetterseiten

gelaußenwände waren daher völlig unbelastet und lediglich durch in U-Steinen geführte Ringbalken und einige Verankerungen gehalten. Obwohl ein Leichtmörtel mit Perlitzuschlag zum Verputzen verwendet wurde (Bild 7), traten am Gebäude erhebliche, meist horizontale Risse auf (Bild 8). Besonders betroffen waren spitzwinkelige Außenecken, die aufgrund ihrer Orientierung stark bewittert waren. Ebenso kam erschwerend hinzu, daß in diesen Außenwänden teilweise große Öffnungen angeordnet waren, die mit Stahlbetonbalken überdeckt wurden. Bei einem derartig gering überdrückten Mauerwerk können bereits thermische Längenänderungen und erst recht Schwindverkürzungen größerer Stahlbetonteile zu Risseschäden führen. Solche Konstruktionen sollten daher grundsätzlich vermieden werden, da ihre Rissefreiheit nicht ausreichend sicher vorhergesagt werden kann. Die erheblich störenden Folgen der Kombination von Bauteilen mit unterschiedlicher Längenänderung sind an diesem Beispiel besonders deutlich ablesbar.

Wie bereits beschrieben, besteht die Außenhülle des Gebäudes aus Ziegelleichtmauerwerk, während die Dach- und Geschoßdecken weitgehend unabhängig vom Mauerwerk ihre Lasten über eine Holzkonstruktion abtragen, die geschoßweise auf Holzriegeln steht (Bild 9). Diese Holzriegel waren beim Einbau plangemäß 24 cm hoch. Zum Zeitpunkt des Ortstermins

9 Riegel der Holzkonstruktion mit aufstehenden Pfosten im Kellergeschoß
10 Am Verspringen der Fliesenfugen ist die erhebliche Verkürzung der inneren Holzkonstruktion deutlich erkennbar (Obergeschoß)

9

10

wurde noch eine Höhe von 23 cm gemessen. In vielen Wohnungen konnten jeweils in den Badezimmern am Übergang zwischen der Holzinnenkonstruktion und den Ziegelaußenwandflächen Versätze beobachtet werden. Am Fußboden, an Verfliesungsvorsprüngen und Fensterbänken betrugen diese 2 bis 3 cm im Obergeschoß und etwa 1 bis 1,5 cm im Untergeschoß. Diese Versätze hatten zur Folge, daß Anschlußfugen aufrissen und die Horizontalfugen von über Eck aneinander angrenzenden gefliesten Wandflächen nicht mehr in einer Flucht lagen (Bild 10). Die Rißbildung beeinträchtigte insofern die Nutzung (Undichtigkeiten in Naßräumen) und das Erscheinungsbild.

Die Ursache dieser Schäden ergibt sich aus dem völlig unterschiedlichen Verformungsverhalten der inneren Holzkonstruktion und der äußeren Ziegelmauerwerkhülle. Selbst wenn Kanthölzer gemäß DIN 68 365 beim Einbau als »trocken« bezeichnet werden, können sie noch einen Feuchtigkeitsgehalt von 20 Masseprozent aufweisen, der bei beheizten Innenräumen auf den Wert von 6 bis 8 Masseprozent zurückgeht. Da Holz in tangentialer Richtung je Masseprozent Feuchtgehalt um etwa 0,32 Prozent schwindet, ist im vorliegenden Fall ein Schwindmaß von ungefähr 4 Prozent – dies sind bei 24 cm hohen Hölzern rund 1 cm – zu errechnen. Unter Berücksichtigung der geringeren Verkürzung der Holzstützen sind so die oben beschriebenen, mit der Gebäudehöhe zunehmenden Versätze gut erklärbar.

Wenn schon eine derartig ungewöhnliche Konstruktion gewählt wird, dann hätte man sich über diese unterschiedlichen Verformungen vorab Klarheit verschaffen müssen, um sie bei der Detailausbildung zu berücksichtigen. Insgesamt machen die beschriebenen Schadensfälle deutlich, daß bei Leichtziegelkonstruktionen (gleiches gilt selbstverständlich auch für andere leichte Mauerwerksmaterialien) mit wesentlich erhöhter Sorgfalt über die möglichen Verformungen der Bauglieder und das richtige Verputzen nachgedacht werden muß.

Literaturhinweise

Die Verformungskenngrößen von Ziegelmauerwerk sind in DIN 1053, Teil 1, Mauerwerk, Berechnung und Ausführung (Nov. 1996) aufgeführt.

Näheres dazu ist dem Mauerwerkkalender im Beitrag von P. Schubert – »Eigenschaftswerte von Mauerwerk« zu entnehmen. Schubert befaßt sich im Mauerwerkkalender 1993 auch ausführlich mit Putzen auf Leichtmauerwerk.

Ein Merkblatt zu »Außenputz auf Leichtziegel« liegt von mehreren Verbänden gemeinsam veröffentlicht vor (Bezug: z. B. Bundesverband der Deutschen Ziegelindustrie, Bonn).

Seit dem Erscheinen der Putznorm DIN 18 550, Teil 4, Leichtputze (August 1993) sind die angesprochenen Festigkeitsgrenzen für Leichtputze auch in einer Norm festgeschrieben.

Die beste Informationsquelle über Risseschäden an Mauerwerk sind die Veröffentlichungen von W. Pfefferkorn – insbesondere »Risseschäden an Mauerwerk«, Stuttgart 1994.

1, 2 Um die Auswirkung fehlender Wärmedämmung im Traufbereich auf die Oberflächentemperatur und damit die Schimmelpilzproblematik in der Deckenecke abzuschätzen, kann man bei komplizierten geometrischen Situationen nicht diagonale Schnitte durch den Detailpunkt legen und danach linear den k-Wert berechnen

Wärmebrücken bei erhöhtem Wärmeschutz

Mit wachsenden Wärmedämmungen wächst auch die Bedeutung von Wärmebrücken. Die bisherigen Wärmeschutzverordnungen gehen auf diese »Kleinigkeiten« nur am Rande ein, obwohl es von der Detailgestaltung ganz wesentlich abhängt, ob die berechnete Energieeinsparung nicht nur auf dem Papier steht, sondern auch praktisch realisiert wird. So wird z. B. für ein typisches Schweizer Mehrfamilienhaus folgendes ermittelt: Während beim Dämmniveau der sechziger Jahre die Wärmebrücken mit nur 13% am gesamten Transmissions wärmeverlust beteiligt sind, macht der Anteil bei heutigem Dämmstandard und durchschnittlicher Detailgestaltung etwa 40% aus.

War beim Detailentwurf in zurückliegender Zeit in der Praxis lediglich die Frage interessant, ob durch zu niedrige Temperaturen an den Oberflächen im Innenbereich eine Wärmebrücke durch Schimmelpilze auffällig wird, so muß in Zukunft wesentlich intensiver die Minimierung der Wärmeverluste über diese Schwachstelle bedacht werden. Da Wärmebrücken meist linienförmig sind, ist dieser zusätzliche Verlust durch einen linearen k-Wert in W/mK bezifferbar.

Die Auswirkungen von Wärmebrücken kann man angesichts ihrer großen Bedeutung nicht mehr rein gefühlsmäßig

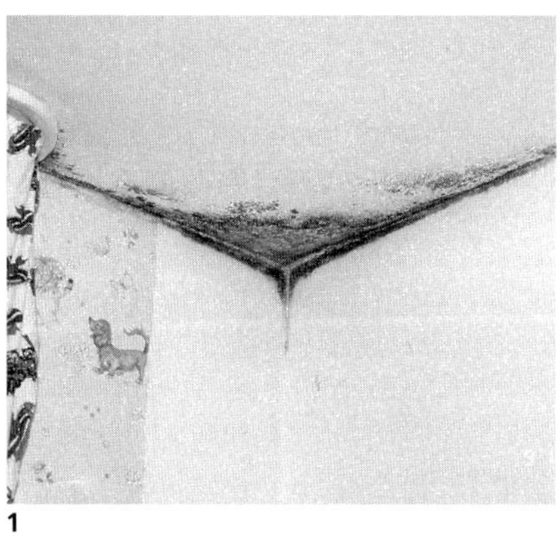

1

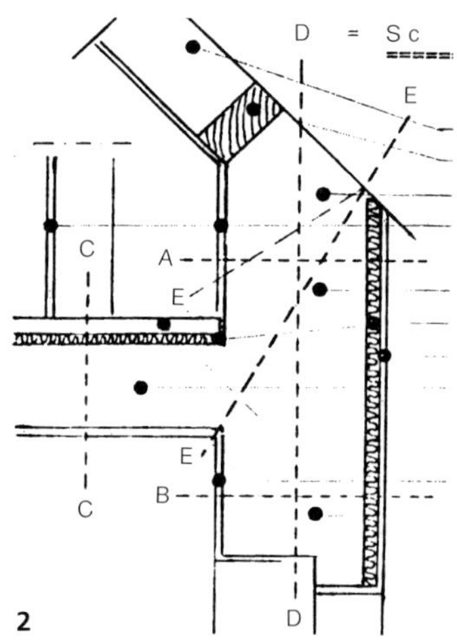

2

beurteilen. Auch einfache Überschlagsrechnungen versagen. So lassen sich die Folgen der Dämmlücken an dem in Bild 2 dargestellten Dachdetailpunkt nicht durch das Anlegen von diagonalen Schnitten und die Berechnung des entsprechenden Wärmedurchlaßwiderstands in der Schnittebene ermitteln. Der Wärmefluß erfolgt räumlich. Noch vor kurzer Zeit kam eine Veröffentlichung über Balkonkragplatten nach einer ähnlich vereinfachten Betrachtungsweise zu dem irrigen Ergebnis, daß innenseitige Wärmedämmungen »weitestgehend unwirksam« seien. Eine verläßliche Abschätzung macht Temperaturfeldberechnungen erforderlich, die man entweder mit der entsprechenden Software selbst durchführen muß oder die man in Wärmebrückenkatalogen und -atlanten für typische Anwendungsfälle fertig berechnet nachschlagen kann. Sehr viele Varianten sind z. B. im Wärmebrückenatlas von Hauser und Stiegel durchgespielt, dem man beispielsweise entnehmen kann, daß die Wärmebrückenwirkung einer ungedämmten Balkonkragplatte durch Innendämmung um 27%, durch thermische Trennung an der Einbindestelle um 35% vermindert werden kann. Die beste Lösung dieses Wärmebrückenproblems ist es, Kragplatten ganz zu vermeiden.

Ist eine bestimmte Produkteigenschaft einmal zum entscheidenden Werbeargument hochstilisiert, so ist das Hauptziel der Verkaufsstrategen und Produktentwickler, die Konkurrenz durch möglichst fantastische Meßwerte abzuhängen. Mit der Interpretation von Untersuchungen und mit Behauptungen ist man da nicht kleinlich. Was in der Autoindustrie der cw-Wert, ist heute in der Baustoffindustrie der k-Wert. Dem Baupraktiker fällt es bei der Flut von Werbeargumenten schwer, den Überblick zu wahren und zwischen unseriösen und seriösen Argumenten zu unterscheiden. Bezogen auf die Wärmebrükkenproblematik werden nun einige Aspekte der wichtigsten Bauweisen erläutert

Außengedämmte Bauweisen

Werden die bereits angesprochenen Kragbauteile vermieden, so ist es bei außengedämmten Konstruktionen besonders einfach, eine weitgehend wärmebrückenfreie Dämmhülle zu realisieren. Wichtig sind die Anschlüsse im Bereich der Bauwerksöffnungen: So sollte bei Verblendschalenkonstruktionen

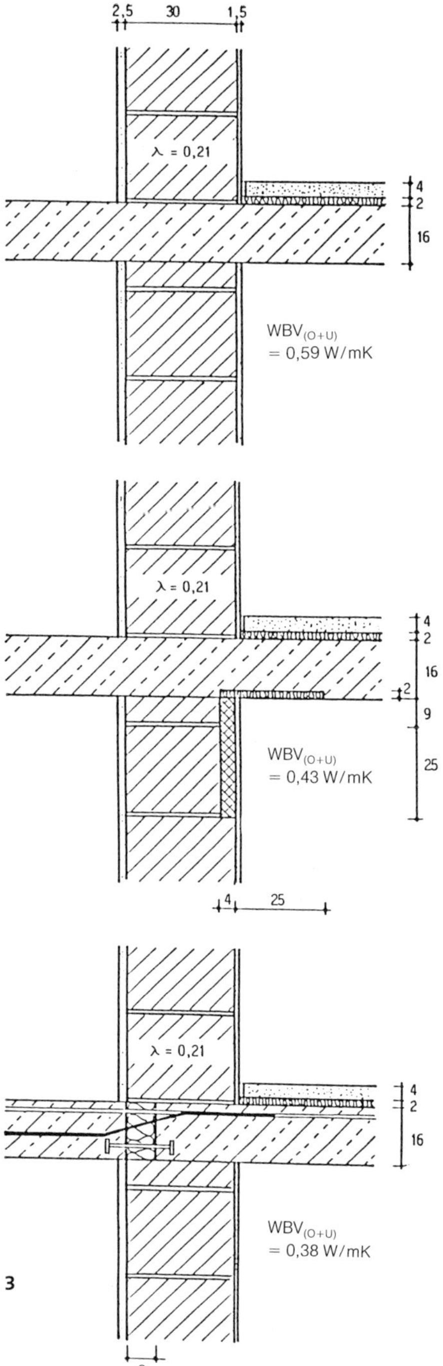

3

4

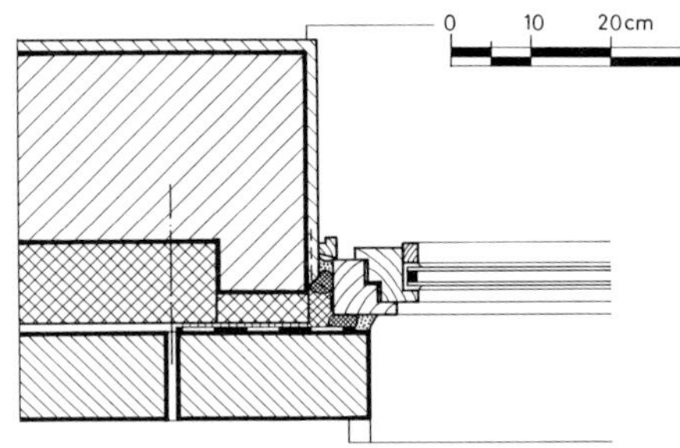

5

3 Auswirkung unterschiedlicher Konstruktionen auf den Wärmebrückenverlust (Quelle: Hauser/Stiegel – Wärmebrückenatlas)
4, 5 Bei Verblendschalenkonstruktionen ist auf den Fensteranschluß zu achten. Beim Schadensfall in Bild 5 stellt die Mauerwerksverbindung zwischen Verblendschale und Hintermauerung eine Wärmebrücke dar

die Außenschale keinen thermischen Kontakt mit der Innenschale haben (Bilder 4,5). Dies ist aber hinsichtlich des Schlagregenschutzes ohnehin eine Grundregel. Bei schwereren Außenbekleidungen (z. B. aus Naturstein) können die notwendigerweise die Wärmedämmung durchstoßenden Metallankerbefestigungen nach Schweizer Untersuchungen die Wärmeverluste um 40% erhöhen.

Auch die Dübelbefestigungen von Wärmedämmverbundsystemen können sich sehr deutlich auswirken: So können z. B. am Fassadenrand höherer Gebäude (über 8 m) bei mineralischen Wärmedämmverbundsystemen bis zu 12 Dübel/m^2 erforderlich sein. Wie neuere bauaufsichtliche Zulassungen von Wärmedämmverbundsystemen angeben, haben diese Dübel bei 120 mm dicken Dämmplatten eine 30%ige Abminderung oder Wärmedämmung zur Folge. Wärmeschutznachweise ohne Berücksichtigung dieser Wärmebrücken beschreiben daher nur sehr begrenzt die tatsächliche Wärmeschutzsituation.

Einschalige Massivbauweise

Im Kapitel zum nachträglichen Wärmeschutz (Seite 64) wurde bereits gezeigt, daß bei Innendämmungen die Wärmebrücken extreme Auswirkungen haben. Einschalige, massive Wandkonstruktionen aus Ziegeln oder Leichtbeton nehmen in dieser Hinsicht eine Zwischenstellung ein, da besonders die einbindenden Decken, aber auch die Fensterleibungen den dämmenden Wandquerschnitt schwächen. In Demonstrativbauvorhaben wird mit allen möglichen Tricks experimentiert, um diese Wärmebrücken zu minimieren. Im Wettstreit um den niedrigsten k-Wert bleiben dabei wohl Dauerhaftigkeitsaspekte auf der Strecke. Beim Deckenauflager sollte generell angestrebt werden, daß die Deckenstirnseite mit einem dicken Dämmstoffstreifen (6 cm) geschützt wird, der breiter als die Deckendicke ist (Bild 6). Ebenso ist der möglichst zur Wandmitte hin verlagerte Deckenrand auch wärmeschutz- und putztechnisch vernünftig. Fragwürdig wird es jedoch, wenn im Bereich des Deckenauflagers über eine größere Zahl von Steinschichten mit eingeschobener Kerndämmung zweischalig gemauert wird oder nur im Leibungsbereich der Fenster zusätzliche Dämmschichten eingebaut werden.

6 Unterschiedliche Ausführungsmöglichkeiten des Wärmeschutzes am Geschoßdeckenauflager

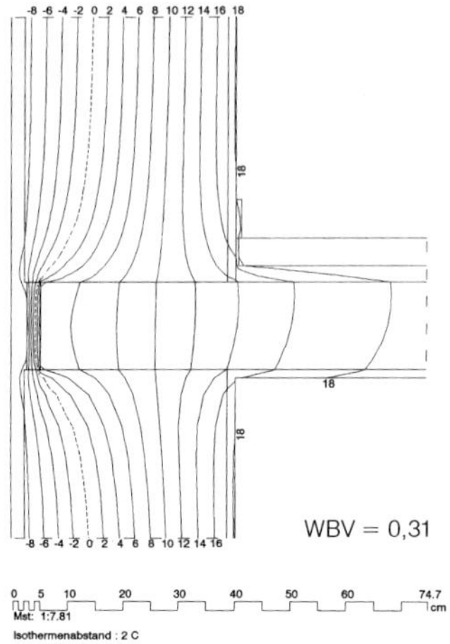

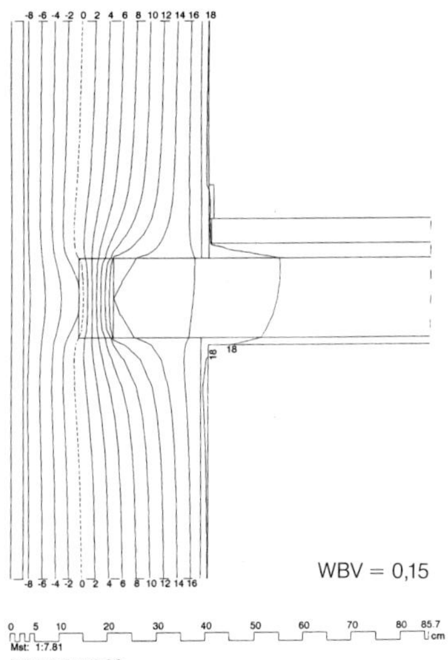

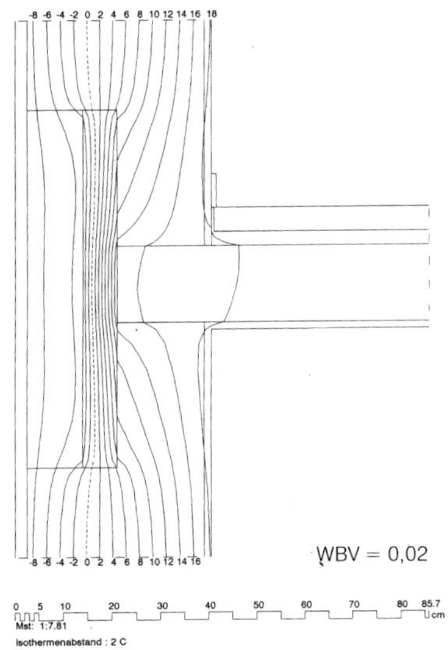

6

Ob derartige, zweischalig verputzte Konstruktionen rissefrei bleiben und ob sich der zusätzliche Aufwand auch nur annäherungsweise auszahlt, wird dabei nicht gefragt. Vermutlich werden bei Leichtmauerwerkskonstruktionen künftig ohnehin Dämmputze verwendet. Wie im letzten Kapitel (Seite 72) dargestellt, wird das Verputzen von Leichtmauerwerk aufgrund des ungünstigen Festigkeitsgefälles zwischen Putz und Untergrund mit der Entwicklung immer leichterer, hochdämmender Steine zunehmend problematisch, so daß nur noch Leichtputze mit eng begrenzten Festigkeitseigenschaften geeignet sind. Der Schritt zu den Dämmputzen ist daher nicht mehr weit – die Mörtelindustrie müßte sich lediglich hinsichtlich der Preisgestaltung bewegen. Dann kann ohne großen technischen Mehraufwand auch im Leibungsbereich durch einen entsprechenden Dämmputzauftrag die Wärmebrückenwirkung des Fensteranschlusses minimiert werden.

Holzständerbauweise
Insbesondere in Süddeutschland werden z. Z. Holzbauweisen auch im kostengünstigen Mehrfamilienhausbau mit erheblicher politischer Unterstützung propagiert. Die Ständerhölzer stellen bei der Holzbauweise im Vergleich zum mit Dämmstoff ausgefülltem Gefach Wärmebrücken dar. Der von Hauser und Stiegel ermittelte sehr günstige k-Wert von Ständerkonstruktionen ist nur mit zusätzlichem Wärmedämmverbundsystem erzielbar (Bild 7).

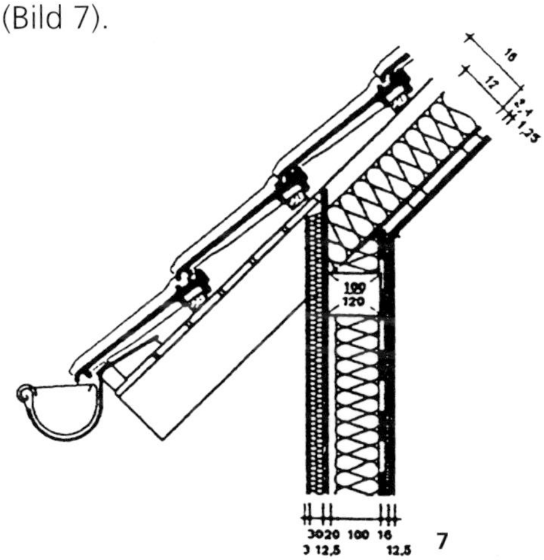

7

7 Holzständerkonstruktion mit außenseitigem Wärmedämmverbundsystem (Hauser/Stiegel)

Sicherlich ist es denkbar, für Bausysteme mit festgelegten Regeldetails pauschalierte Korrekturwerte abzugeben. Für die große Zahl der weithin individuell konstruierten Gebäude werden sorgfältige Überlegungen zum Einzeldetail und Berechnungen zu den Auswirkungen von Wärmebrücken bei einer vernünftigen Anwendung der Wärmeschutzverordnung unumgänglich sein. Für die Formulierung der Wärmeschutzverordnung waren nicht die Aspekte eines möglichst wirtschaftlichen Energiehaushalts, sondern ökologische Argumente ausschlaggebend. Man sollte immer wieder bedenken, daß ökologisches Bauen nicht nur durch möglichst geringen Heizungsenergieaufwand gekennzeichnet ist. Die Langlebigkeit einer Konstruktion ist ebenfalls eine wesentliche ökologische Eigenschaft. Dies wurde bei veröffentlichten Wärmebrückendetails für Gebäude mit hohem Wärmedämmniveau häufig nicht ausreichend berücksichtigt.

Literaturhinweise

Brunner, C. U. und J. Nänni: Der »Wärmebrückenkatalog 3 – Altbaudetails« (D0107) und der Wärmebrückenatlas »Verbesserte Neubaudetails« (D078) sind erhältlich beim Schweizerischen Ingenieur- und Architektenverein, Postfach, CH-8039 Zürich.

Hauser G. und H. Stiegel: Wärmebrückenatlas für den Massivbau, Wiesbaden 1990. Aus diesem Buch sind auch die Schaubilder zur Auswirkung von Kragplatten entnommen. Hauser, G. und H. Stiegel haben auch die kritisierte Arbeit »Dokumentation der Wärmebrückenwirkung bei Häusern in Holztafelbauart gegenüber konventionell errichteten Gebäuden und Festlegung pauschaler Korrekturfaktoren«, Stuttgart 1994, vorgelegt.

Czisielski, E.: »Wärmebrücken im Hochbau«, in: Bauphysik 5/85. Im Tagungsband der Aachener Bausachverständigentage 1989 hat Czisielski außerdem über die Wärmebrückenwirkung von Dübeln in WDVS berichtet.

Veränderte Rahmenbedingungen – Schimmelpilzschäden

Schimmelpilzschäden in Wohnungen beschäftigen seit nunmehr rund zwei Jahrzehnten in großem Umfang Hausbewohner, -eigentümer und -verwalter, Architekten, Sachverständige und Gerichte.

Der Schadensschwerpunkt verlagerte sich in den letzten Jahren von Neubauten auf sanierte Altbauten. Allein die Schadensgruppe der Schimmelpilze nach dem Einbau neuer Fenster war der Gegenstand von etwa 13% aller 1989/90 bearbeiteten Sachverständigengutachten! Mit Blick auf den baukonstruktiven und heizungstechnischen Zustand der noch nicht modernisierten Großtafelbauweisen in den neuen Bundesländern bedarf es keiner hellseherischen Fähigkeiten, um diesem Problemkreis auch in Zukunft eine hohe Aktualität vorherzusagen.

Die Verbissenheit, mit der im Einzelfall über den Verursacher gestritten wird, hat viele Gründe:

– Die Nutzer schimmelpilzbefallener Wohnungen fühlen sich beim Vorwurf falscher Lüftungs- und Heizgewohnheiten in ehrenrühriger Weise als »Schmuddelbewohner« deklassiert. (In einem gerichtlichen Beweisbeschluß wurde z. B. gefragt, ob »soziales Fehlverhalten« der klagenden Mieter als Schadensursache auszumachen sei.) Weiterhin sind die Nutzer angesichts steigender Mieten und Baupreise immer weniger gewillt, selbst geringe Mängel an ihren eigenen vier Wänden oder der Mietwohnung in Kauf zu nehmen.

– Wohnungsgesellschaften sehen sich besonders beim mietpreisgebundenen Sozialen Wohnungsbau außerstande, die umfangreiche Sanierung zu finanzieren, die erforderlich ist, um im Verschuldensfall die wärmeschutz- und lüftungstechnischen Eigenschaften ihres Gebäudebestands den veränderten Heizungsgewohnheiten und Lüftungsbedingungen anzupassen;

– Wohnungsvermieter, Architekten und Bauunternehmer können nicht einsehen, daß jahrzehntelang ohne sichtbare Schadensfolgen realisierte und genutzte Bauweisen plötzlich als mangelhaft gelten sollen;

Sachverständige und Gerichte stehen häufig vor einem Beurteilungsdilemma, wenn bei Schäden einerseits das

Bewohnerverhalten als durchaus üblich eingestuft werden muß, andererseits das Gebäude, gemessen an den Baugepflogenheiten seines Baujahrs, nicht als mangelhaft bezeichnet werden kann.

Die große Schadenshäufigkeit zeigt eindeutig, daß die Schimmelpilzproblematik nicht das Ergebnis zufälliger Fehlleistungen der am Bau Beteiligten oder des zufälligen Fehlverhaltens der Nutzer ist; vielmehr sind die tieferen Ursachen in der allgemeinen Veränderung der Rahmenbedingungen für das Bauen und Wohnen zu suchen – Veränderungen, die man richtiger als »Fehlentwicklungen« bezeichnen sollte.

Ich möchte daher nicht die Vielzahl der veröffentlichten Schimmelpilzschadensberichte um einen weiteren vermehren, sondern Aspekte der allgemeineren Ursachen ansprechen. Die grundsätzlichen Ursachenzusammenhänge seien daher nur kurz erläutert.

Die Sporen der rund ein Dutzend häufigsten Schimmelpilzarten können schwere allergische Reaktionen, insbesondere asthmatische Erkrankungen, hervorrufen – Schimmelpilzschäden sind daher nicht als Schönheitsmangel abzutun.

Schimmelpilze bewachsen Untergründe mit organischen Bestandteilen. Rauhfasertapeten, Kleister, Dispersionsanstriche und organische Zusätze in Gipshaftputzen bieten »gute« Bedingungen; da aber auch schon unvermeidliche Staubablagerungen als Substrat ausreichen, kann diese Komponente der Schadensentstehung nicht wesentlich beeinflußt werden.

Schimmelpilze wachsen bei Temperaturen um 20 °C deutlich schneller als bei Temperaturen knapp über dem Gefrierpunkt. Dies erklärt, warum ein verstärktes Schimmelpilzwachstum während der Übergangsjahreszeiten und weniger im Winter beobachtet wird. Entscheidende Wachstumsvoraussetzung ist ein Feuchtigkeitsangebot an der Bauteiloberfläche. Dabei ist nicht unbedingt flüssiges Wasser erforderlich – es reicht eine relative Luftfeuchte an der Bauteiloberfläche deutlich über 80%.

Schlagregenundichtigkeiten, Abdichtungsmängel gegen aufsteigende Feuchtigkeit oder Oberflächen- und Sickerwasser, auch Installationsleckagen sind als mögliche Feuchtigkeitsquellen meist relativ einfach identifizierbar.

Es gehört zu den gröberen Ärgerlichkeiten im Zusammen-

1

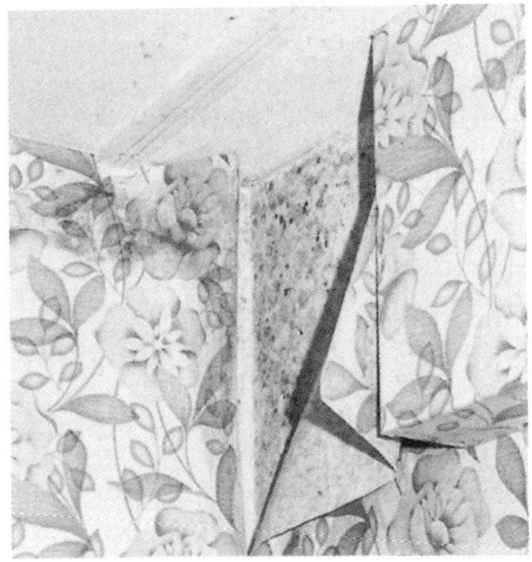

2

1 Teilweise ungedämmter Stahlbetonringbalken (materialbedingte Wärmebrücke)
2 Typische geometrische Wärmebrücken (Deckenaußenecken)

hang dieses Problemkreises, daß einige Wohnungsbaugesellschaften in Merkblättern ihren Mietern weismachen wollen, nur bei derartigen äußeren Undichtigkeiten lägen bauliche Mängel vor, und den »Bohrlochtest« empfehlen: Fördert eine Bohrung im schimmelpilzbefallenen Bereich »trockenes« Bohrmehl zutage, so sei der Beweis für falsches Bewohnerverhalten erbracht. Verschwiegen wird dabei, daß die wichtigste Ursache der Schimmelpilzschäden in den meisten Fällen Vorgänge an der inneren Bauteiloberfläche betreffen, die keineswegs zu stärkeren Durchfeuchtungen des Untergrunds führen müssen. Es geht um das Zusammenspiel zwischen der Oberflächentemperatur und dem Feuchtegehalt der angrenzenden Raumluft. Ist die Temperatur zu tief oder die absolute Raumluftfeuchte zu hoch, so treten an der Bauteiloberfläche hohe relative Luftfeuchten auf, oder es fällt gar Oberflächentauwasser aus. Damit ist die wesentliche Wachstumsvoraussetzung für Schimmelpilz gegeben.

Ist die Oberflächentemperatur zu tief? Oder die Raumluftfeuchtigkeit zu hoch? Das sind die zentralen Streitfragen, die immer wieder kontrovers beantwortet werden, da die Ursachenzusammenhänge komplex und die Beurteilungskriterien vage sind.

Die Ursachengruppe zu niedriger Oberflächentemperaturen konfrontiert mit folgenden Fragen:

3 Völlig ungedämmte Stahlbetondeckenränder und Stürze
4 Schränke vor mindestgedämmten Außenwänden

3

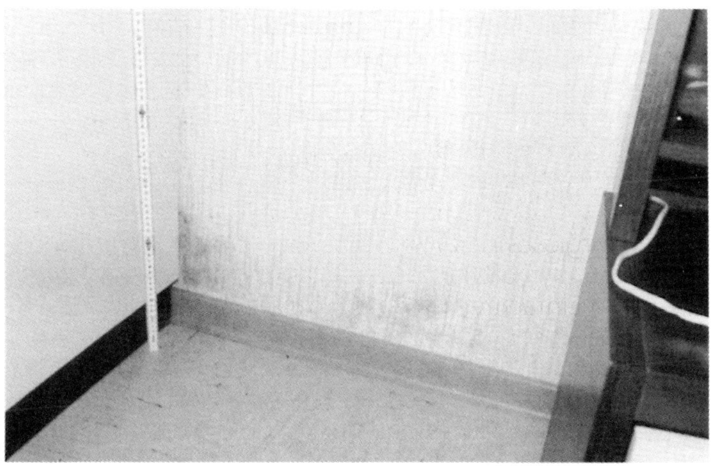

4

– Ist der bauliche Wärmeschutz des Regelquerschnitts oder der Detailpunkte konstruktiv oder ausführungsbedingt zu gering, oder wird er durch andere Durchfeuchtungsquellen zu stark vermindert?
– Wird die Oberfläche unzureichend beheizt, weil die Nutzer ungenügend heizen oder weil eine ausreichende Beheizung der betroffenen Raumbereiche gar nicht möglich ist?
– Wird die Erwärmung der Oberflächen durch Möblierung behindert? Ist dabei die Plazierung der Gegenstände vor

Außenbauteilen vom Bewohner frei wählbar oder planungsbedingt unumgänglich?
Bei der Ursachenalternative der zu hohen Luftfeuchtigkeit muß man folgende Fragen beantworten:
– Ist die Feuchtigkeitsproduktion im Raum im Verhältnis zum vorhandenen Luftvolumen zu groß? Handelt es sich dabei um eine vom Vermieter vorgesehene Überbelegung oder um vom Nutzer beeinflußbare Feuchtigkeitsproduktion (Trocknen von Wäsche, größere Mengen an Topfpflanzen), oder tragen etwa bauliche Feuchtigkeitsquellen (z. B. die Neubaufeuchte) entscheidend zur Erhöhung der Raumluftfeuchtigkeit bei?
– Wird die feuchtigkeitsangereicherte Luft häufig genug gegen absolut trockenere Außenluft ausgetauscht? Ist der schadensbetroffene Bereich überhaupt belüftbar? Wie dicht sind die Außenbauteile, insbesondere die Fenster? Wie sind die Belüftungsgewohnheiten?

Die Vielzahl der Faktoren und die Schwierigkeit ihrer Einschätzung im Einzelfall machen die Meinungsunterschiede bei Schadensfällen, nicht aber die lawinenartige Zunahme der Schäden verständlich. Bis etwa zur Mitte der siebziger Jahre blieben Gebäude trotz schlechten Wärmeschutzes der Außenbauteile und trotz geringer planerischer und handwerklicher Sorgfalt bei der Vermeidung von Wärmebrücken meist schadensfrei, da sorgloses Heizverhalten bei niedrigen Energiepreisen und erhebliche Luftwechselraten durch konzeptionsbedingt undichte Einfachfenster und Einzelofenheizungen – wie sie beim älteren Fertigteilbau in den neuen Bundesländern üblich war – zwar zu hohen Energieverlusten, aber auch zu so niedrigen Luftfeuchten im Raum führten, daß sichtbare Schäden ausblieben. Mit der Verknappung und Verteuerung der fossilen Brennstoffe und zur Verminderung der Kohlendioxidemissionen haben sich zwei Faktoren in diesem Regelsystem entscheidend verändert. Meilensteine auf dem Weg dieser Entwicklung sind folgende Erlasse und Verordnungen:

Die zu Beginn 1975 in Kraft getretenen ergänzenden Bestimmungen zur DIN 4108 – Wärmeschutz im Hochbau (Ausgabe 1969) forderten per Erlaß erstmals die bis heute bestehenden Anforderungen an die Begrenzung der Fugendurchlässigkeit von Fenstern (und die Isolierverglasung); dieser Erlaß löste eine Fugendichtungseuphorie bei den Fensterherstellern aus und beseitigte mit den unangenehmen Zugerscheinungen undichter Fenster auch die unbeeinflußbare, »automatische« Durchlüftung unserer Wohnungen.

Seitdem ist bewußtes, mehrfaches tägliches »Stoßlüften« eine Bürgerpflicht: »*Die Ausstattung älterer Gebäude mit neuen, extrem dicht schließenden Fenstern kann dazu führen, daß sich Kondenswasser an den Wänden bildet und damit Schimmelpilze kommen. Dem müssen die Mieter nach einem Urteil des Landgerichts München (20 S 23 186/86 vom 20. 5. 1987) Rechnung tragen. Sie müssen die ihnen angebotenen Merkblätter des Bundesministeriums für Raumordnung lesen und ihr Lüftungsverhalten nach diesen Ratschlägen ausrichten. Einer Mieterin nutzte es deshalb nichts, daß sie die Schimmelpilzbildung in ihrer Küche auf mangelnde Wärmeisolierung und Kältebrücken des 1958 errichteten Gebäudes zurückführte.*« (Die Rheinpfalz, 29. 1. 1988)

Weitere Meilensteine sind die Heizanlagenverordnung des Jahres 1977, die u. a. die thermostatische Einzelraumregelung forderte, und die Verordnung über die verbrauchsabhängige Heizkostenabrechnung des Jahres 1981, die den finanziellen Anreiz zur Heizungsdrosselung festschrieb. Damit wurden vor allem die Bevölkerungsgruppen zu rigorosen Heizkosteneinsparungen motiviert, deren finanzieller Spielraum gering ist und die aus dem gleichen Grunde in den baulich schlechteren und überbelegten Wohnungen leben.

Die verordneten Veränderungen der Belüftung und Beheizung begünstigen zwangsläufig bei wärmeschutztechnisch nicht verbesserten Altbauten der letzten sieben Jahrzehnte das massenhafte Auftreten von Schimmelpilzschäden. Jedem, der die bauphysikalischen Zusammenhänge vor Augen hat, wird es logisch erscheinen, daß die gesetzliche Veränderung der Heiz- und Lüftungsbedingungen ihre Ergänzung in deutlich erhöhten Anforderungen an den Mindestwärmeschutz haben muß. Dieser Schritt wurde aber im Hinblick auf die für das Schimmelpilzwachstum wesentlichen Wärmebrückenbereiche der Außenwände bei der Neufassung der DIN 4108 im August 1981 nicht getan. Die Anforderungen an den Mindestwärmeschutz von Außenwänden einschließlich der in ihnen befindlichen Wärmebrücken liegen heute weiterhin im wesentlichen auf dem Niveau des Jahres 1952.

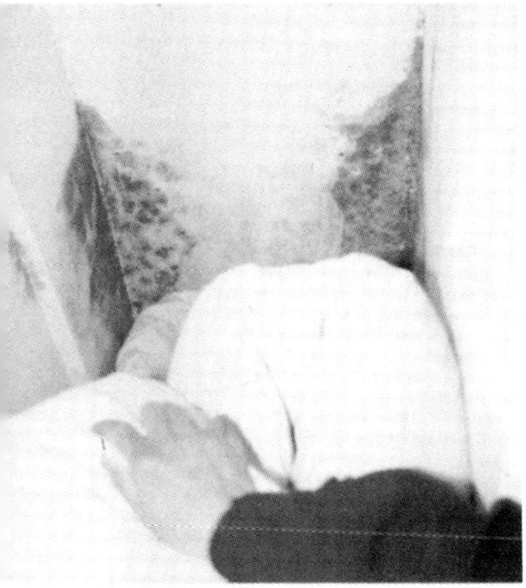

5

6

5 Nische im ausgebauten Dachgeschoß wird zur Lagerung von Bettzeug genutzt
6 Schimmelpilz auf Innenwänden setzt extrem hohe Raumluftfeuchtigkeit voraus (hier unzureichend ausgetrockneter, sehr früh bezogener Neubau)

Als Einsprecher zum Normenentwurf bin ich zu dem Schluß gekommen, daß der Normenausschuß sich bei dieser Entscheidung nicht von bauphysikalischen Überlegungen, sondern von wirtschaftspolitischen Zwängen leiten ließ:

Es ging darum, die Konstruktionsform der einschaligen (verputzten) Mauerwerkswand üblicher Dicke nicht vom Baumarkt zu verdrängen. Dies ließ beim Entwicklungsstand der betroffenen Baustoffe 1981 deutlich erhöhte Mindestwärmeschutzanforderungen nicht zu. Auch den Normverfassern war bekannt, daß bei derartig gering wärmegedämmten Wänden die an den Außenecken geometrisch bedingten Wärmebrücken so tiefe Oberflächentemperaturen aufweisen, daß dies bei häufig anzutreffenden Raumklimabedingungen zu Schimmelpilz führen muß. Dem Dilemma, daß die gerade erst abgefaßte Norm in dieser Hinsicht mangelhafte Konstruktionen zuläßt, entzog man sich durch ein bemerkenswertes Formulierungskunststück: »Ecken von Außenbauteilen mit gleichartigem Aufbau sind nicht als Wärmebrücken zu behandeln«, heißt es knapp im Normentext. Das Problem wurde sozusagen wegdefiniert.

Ärgerlich ist nicht, daß bei der Abfassung von Normen auch wirtschaftspolitische Aspekte berücksichtigt werden, sondern ärgerlich ist, daß diese Motive nicht offen genannt werden.

Es ist nur konsequent, daß 1983 in einer Veröffentlichung

von Soergel und Gertis die Schimmelpilzproblematik an geometrischen Wärmebrücken mindestwärmegedämmter Gebäude auch aus haftungsrechtlicher Sicht zum alleinigen Problem der Hausbewohner erklärt wurde. Die Argumentation der Verfasser ist erstaunlich, entbindet sie doch die Planer von jeglichem eigenverantwortlichen, über die Normen hinausgehenden Weiterdenken: »*Selbst wenn es vorkommen sollte,... daß eine Norm durch die technische Entwicklung überholt wird, . . . ist doch davon auszugehen, daß der planende Architekt seiner beruflichen Sorgfaltspflicht genügt hat* (wenn er nach einer gemäß dem allgemeinen Kenntnisstand risikoreichen Normpassage arbeitet). *Wie soll auch ein einzelner Architekt . . . über ein besseres Wissen verfügen als der Normengeber, der an seiner einmal erlassenen Norm* (hier DIN 4108 in der Fassung des Jahres 1952) festhält und diese nicht der neueren Entwicklung anpaßt.«

Welch eine Verbrämung der Arbeit der in den Normenausschüssen tätigen »interessierten Kreise«!

Folgt man den statistischen Zahlen über den Energieverbrauch in der Bundesrepublik Deutschland, so waren die zitierten Erlasse und Verordnungen wirkungsvoll – erkauft wird dieser energiepolitische Erfolg mit der Schimmelpilzproblematik. Hier liegen die tieferen Ursachen des Schadensphänomens.Welche Schlußfolgerungen sind möglich?

Wenn man davon ausgeht, daß es eine unrealistische Hoffnung ist, die Industrienationen würden durch eine völlige Veränderung ihrer Lebensgewohnheiten der Energieverschwendung ein Ende setzen, und daß der jetzt eingeschlagene Weg der einzig gangbare ist, müssen zwangsläufig auch die nächsten Schritte getan werden, um der Schimmelpilzproblematik Herr zu werden:
– Die Mindestwärmeschutzanforderungen an Außenbauteile müssen deutlich erhöht werden;
– der Mindestluftwechsel in Wohnungen muß durch geplante, bauliche, gegebenenfalls automatisch geregelte lüftungstechnische Maßnahmen sichergestellt werden. Konkrete Konsequenzen sind:
– Ein erheblich über den Mindestanforderungen liegender Wärmeschutz besonders der Außenwandbauteile sollte grundsätzlich angestrebt werden;

– alle potentiellen Wärmebrücken an Detailpunkten wie Sockeln, Deckenauflagern, Fensteranschlüssen und Stürzen, Balkonauflagern sowie Durchdringungen müssen aufs sorgfältigste bei der Planung und Ausführung berücksichtigt und vermieden werden;
– bei der Grundrißgestaltung und der Möblierungsplanung müssen die dargestellten bauphysikalischen Zusammenhänge peinlichst beachtet werden;
– die Lüftung ist zu planen;
– absolute Dichtigkeit ist bei Fenstern kein positives Qualitätskriterium;
– auf den Einbau neuer, dichter Fenster in Altbauten sollte verzichtet werden, wenn die Wärmeschutzeigenschaften der Bausubstanz – vor allem an den Detailpunkten – an den unteren Grenzen des zulässigen liegen und nicht verbessert werden können. Lüftungsmöglichkeiten und Wärmeschutzsituation müssen zusammen gesehen werden.
– Die Aufklärung der Nutzer über richtiges Heizen und Lüften – insbesondere nach dem Austausch von Fenstern – muß in objektiver und verständlicher Form erfolgen.

Wenn Bewohner, Eigentümer, Planer, Sachverständige und Gerichte im Einzelfall verzweifelt nach einer angemessenen Klärung des Streits suchen, so sollten sie sich bewußt sein, daß ihre Verzweiflung und Ratlosigkeit nicht individuelle, sondern allgemeinpolitische Ursachen haben. Vielleicht trägt diese Erkenntnis zu einer sachlicheren Einigung bei.

Literaturhinweise

Über die Wachstumsbedingungen von Schimmelpilzen wurde in der db, Heft 5/90, von Erhorn ausführlich berichtet.

Das Merkblatt des Bundesministeriums für Raumordnung, Bauwesen und Städtebau »Richtig Heizen und Lüften – Schutz vor Gesundheits- und Bauschäden« wurde u. a. in Heft 1/83 der Zeitschrift Sanitär- und Heizungstechnik veröffentlicht und erfuhr seitdem viele Neuauflagen.

Der zitierte Aufsatz von Gertis und Soergel »Tauwasserbildung in Außenwandecken« ist im Deutschen Architektenblatt Heft 10/83 nachzulesen.

Einen breiten Überblick über die äußerst umfangreiche Literatur zum behandelten Thema geben die Literaturauslesen »Wärmebrücken Band 1 und 2; Raumklima in Wohnungen Band 1-3 und Feuchteschäden durch mangelhaftes Lüften« des Informationszentrums Raum und Bau Stuttgart.

Wärmedämmverbundsysteme

Neue Bauweisen – Wärmedämmverbundsysteme

»Normen stehen jedermann zur Anwendung frei. DIN-Normen sind nicht die einzige, sondern eine Erkenntnisquelle für technisch ordnungsgemäßes Verhalten im Regelfall.«

Diese bereits an anderer Stelle zitierten (siehe Seite 55) bemerkenswerten Sätze des Deutschen Instituts für Normung (Führer durch die Baunormung, Berlin 1997) belegen, daß die am Bau Beteiligten – Bauherr, Planer, Ausführende – grundsätzlich nicht durch ein enges Korsett von Regelwerken in der eigenverantwortlichen Entscheidung über die Art der technischen Realisierung von Gebäuden eingeschränkt werden. Grenzen sind der Gestaltungsfreiheit nur durch die bauordnungsrechtlichen Aspekte der Sicherheit und Gesundheit gesetzt und durch das, was man selbst als technisch vernünftig erkannt hat.

Diese Grundsituation erleichtert das Experimentieren mit neuen Baustoffen und Bauweisen. Jeder, der eine den technischen Möglichkeiten und den sich wandelnden Anforderungen angepaßte Weiterentwicklung des Bauwesens befürwortet, muß dies begrüßen.

Wer experimentiert, hat mit Mißerfolgen zu rechnen. So ist es zwangsläufig und logisch, daß die tiefere Ursache einer größeren Zahl von Bauschäden auf die Anwendung nicht ausreichend erprobter, überschätzter oder falsch angewendeter neuer Bauverfahren zurückzuführen ist.

Wer bewußt – z. B. aus Kostengründen – durch Anwendung neuer Verfahren ein höheres Risiko eingeht, darf bei Fehlschlägen nicht klagen. Die großen Probleme ergeben sich aber aus dem Sachverhalt, daß viele nicht wissen, auf welches Risiko sie sich eingelassen haben. So argumentieren nicht fachkundige Bauherren häufig zu Recht, daß sie über die Schadenskonsequenzen vorab nicht ausführlich und eindringlich genug aufgeklärt wurden.

Die Anbieter neuer Bauweisen setzen meist alles daran, die erst kurze Praxisbewährung und den mangelhaften wissenschaftlichen Kenntnisstand über ihr Produkt durch marktschreierische Anpreisungen und Prüfzeugnisse über unproblematische technische Teilaspekte zu verdecken. Nur die Baufachleute mit sehr gutem Fachwissen und kühlem Kopf können die Risiken erkennen. Diesen Problemkreis möchte ich exemplarisch an der Bauweise der Wärmedämmverbundsysteme verdeutlichen.

Spontan werden viele Fachkollegen mit Unverständnis darauf reagieren, daß ich ein landauf landab bei Neubauten und Sanierungen verwendetes Wärmeschutzverfahren als »neue Bauweise« einzuordnen wage. Zugegeben, Polystyrol-Partikelschaumplatten mit glasgewebearmierten, rund 5 mm dünnen Kunstharzbeschichtungen können eine über drei Jahrzehnte reichende umfangreiche Anwendung in der Baupraxis nachweisen. Nach anfänglichen systembedingten Fehlschlägen – z. B. durch die Anwendung von ungeeigneten Armierungen – haben die meisten heute zu beobachtenden Schäden bei diesen Systemen ihre Ursache in Verarbeitungsfehlern.

Ein größerer mehrgeschossiger Wohnungsneubaukomplex zeigte die Palette der möglichen Fehler fast vollständig:

– Die Glasgewebearmierung muß vollständig und an den Stößen mit mindestens 10 cm Überlappung verlegt werden, sonst reißt die Beschichtung an den Bewehrungslücken ein (Bild 1).

– Unebenheiten, die zwischen den fluchtgerecht verlegten Platten und dem Untergrund Fugenbreiten von deutlich mehr als 10 mm ergeben, müssen durch Ausgleichsputze beseitigt werden. Geschieht dies nicht, so ist die unbedingt erforderliche Haftung vor allem der Dämmplattenränder am Untergrund nicht gegeben. Die durch die thermischen Wechselbeanspruchungen auftretenden Plattenverformungen haben dann Risse in der Beschichtung über den Plattenrändern zur Folge (Bilder 2, 3).

(Zu Rißbildungen in Fensterecken und zur Anschlußausbildung siehe nächstes Kapitel, Seite 105)

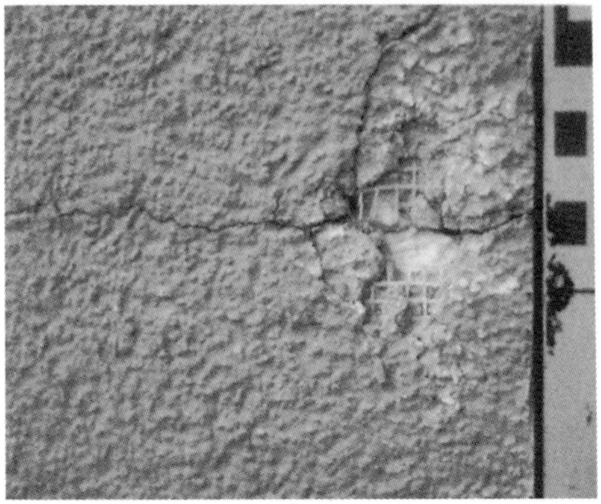

1

2

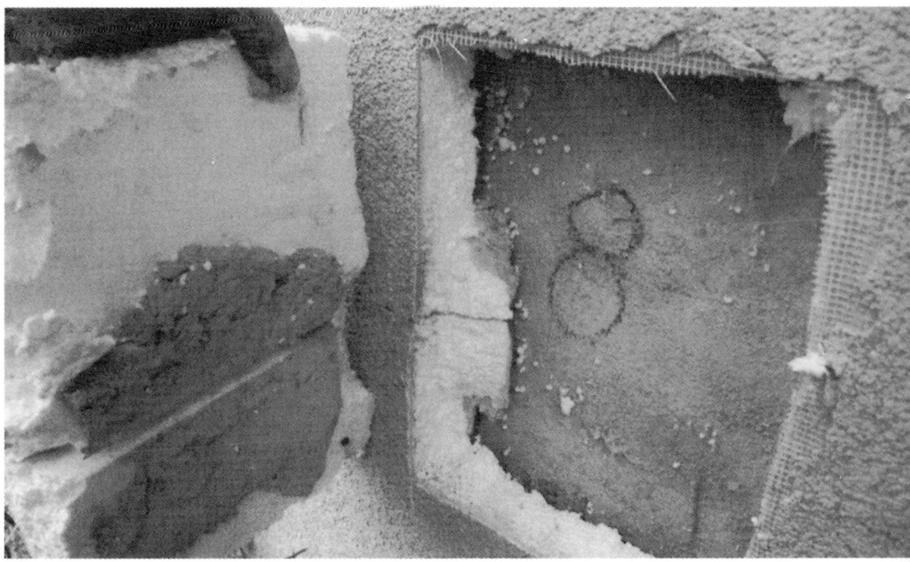

3

1 Riß entlang eines nicht überlappten Armierungsgewebestoßes
2, 3 Zu große Unebenheiten im Untergrund führen zur schlechten Verklebung des Dämmstoffs und in der Folge zu Rissen über dem Dämmplattenstoß

Wie wenig die konkurrierenden Anbieter an einer »Vereinheitlichung ihres Produktes zum Nutzen der Allgemeinheit« (dies ist gem. DIN 820, Blatt 1, Ziel der Normen) interessiert sind, ergibt sich aus der Tatsache, daß die Normung dieser nun 35 Jahre lang angewendeten Bauweise nicht über Begriffsbestimmungen (!) hinausgediehen ist. Die Leitlinien der Europäischen Union für die Übereinkunft im Bauwesen (UEAtc) – eine Organisation, die seit der Umsetzung des Bauproduktiongesetzes, zunehmend an Bedeutung verliert – führen zwar eine Vielzahl von Qualitätskriterien auf, es darf jedoch bezweifelt werden, ob die mit minutiöser Akribie beschriebenen Laborprüfverfahren für die Gebrauchstauglichkeit der kompletten Systeme tatsächlich geeignet sind, die Bewährung des geprüften Systems während der mit mindestens 30 Jahren bezifferten technischen Lebensdauer mit Sicherheit vorherzusagen. Grenzwerte für die thermomechanischen Eigenschaften fehlen nach wie vor.

Neue Bauweisen kennzeichnende Risiken ergeben sich aus dem Sachverhalt, daß im weiten Rahmen die Variation der Systembestandteile dem jeweiligen Hersteller überlassen bleibt. Entsprechend groß ist die Zahl der unterschiedlichen Verarbeitungsrichtlinien. Der Anwender kann nur hoffen, daß das von ihm ausgewählte Produkt sich als geeignet erweisen wird. Aus der Sicht des Verbraucherschutzes, der die Minimierung des Haftungsrisikos für die Baubeteiligten anstrebt, ist es ein Unding, daß sich trotz der langen Anwendungszeit die Anbieter wohl aus Konkurrenzgründen nicht auf einheitliche Qualitätskriterien und Verarbeitungsregeln in allen wesentlichen Punkten einigen können.

Für armierte, mineralische Putze auf verschiedenen Dämmstoffuntergründen gilt das Dargestellte in verschärftem Maß. Mineralische Putze auf Mineralfaser- und Hartschaumuntergründen werden – abgesehen von wenigen älteren Anwendungsfällen – seit etwa 15 Jahren verwendet. Nur mit Kopfschütteln kann man den Versuch zur Kenntnis nehmen, die Geburtsstunde dieser Systeme durch Einbeziehung der verputzten Holzwolle-Leichtbauplatten um 60 Jahre zurückzudatieren. Ist doch die Art des Putzgrundes und die Art der Putzbewehrung mit verdübelten, 1 mm dicken Drahtnetzen von den üblichen neuen Systemen wesentlich abweichend.

Noch bis 1980 sah die DIN 1102 beim Verputzen von Holzwolle-Leichtbauplatten Dehnfugen bei Flächengrößen über 10 m^2 vor.

Die Palette der angebotenen Systeme ist sehr groß. Es gibt:
– »biologische« Wärmedämmverbundsysteme mit Korkdämmung und durch Sackleinen bewehrten Kalkputzen;
– Mineralfaserplatten mit glasgewebearmierten mineralischen Putzen, die auf dem Untergrund verklebt werden;
– Faserzementplatten, die über Mineralfaserdämmplatten im Untergrund verdübelt werden und anschließend eine fugenüberdeckende, gewebearmierte Schlußbeschichtung erhalten.

Das zuletzt genannte System ist ein typischer Beleg für die Risiken neuer Bauweisen und die Werbestrategie der Anbieter. Nicht nur wegen der sachlichen Vorzüge des besseren Brandschutzverhaltens und der hohen mechanischen Stoßbeanspruchbarkeit, sondern auch aus gefühlsmäßiger Abneigung gegen eine dünne »Thermohaut« auf den Außenwänden sprach dieses massive System trotz der hohen Kosten viele Bauherren an, die auf Solidität und Dauerhaftigkeit Wert legten. Diesen Käuferkreis fest im Visier, warb ein Hersteller 1987: »Bewährte Technik und Brief und Siegel auf die Sicherheit. Promatherm hat das entscheidende Plus! Sie ist die erste Warmfassade mit bauaufsichtlicher Zulassung in Deutschland. Das ist das Ergebnis der hervorragenden bautechnischen und bauphysikalischen Eigenschaften von Promatherm. In Verbindung mit der Gestaltungsfreiheit und Struktur- und Farbgebung bietet Promatherm bemerkenswerte Vorteile. Sicherheit zuerst!«

Nur wer weiß, daß kunstharzbeschichtete Wärmedämmverbundsysteme keine bauaufsichtliche Zulassung benötigen, da die Allgemeinheit gefährdende Standsicherheitsprobleme bei diesen leichten Fassadenbekleidungen nicht zu erwarten sind, erkennt den geradezu atemberaubenden Argumentationssalto dieser Werbung. Die Verkaufsstrategen spekulierten darauf, daß vielen Bauleuten die genaue Funktion bauaufsichtlicher Zulassungen unklar war. Dabei umreißen wenige Sätze der je nach Bundesland bis 1995 gültigen Bauordnungen eindeutig deren Aufgabe: »Bauliche Anlagen sind so zu errichten, daß die öffentliche Sicherheit, insbesondere Leben oder Gesundheit, nicht gefährdet werden.« (§ 3) »Bauarten, die noch nicht allgemein gebräuchlich und bewährt sind, dürfen nur verwendet werden, wenn ihre Brauchbarkeit im Sinne von § 3 nachgewiesen ist. Der Nachweis kann durch eine allgemeine bauaufsichtliche Zulassung geführt werden.« (§ 21)

Es war also nicht Sinn der bauaufsichtlichen Zulassungen, den Zulassungsgegenstand in jeder Hinsicht auf Langzeitbewährung zu prüfen. Die bauaufsichtliche Zulassung soll lediglich sicherstellen, daß neue Bauarten während ihrer Erprobungsphase kein Gefährdungspotential für die Allgemeinheit darstellen. Selbstverständlich berücksichtigten die Zulassungsgremien auch die üblichen Tauglichkeitsaspekte; offensichtlich gebrauchsuntaugliche und schadensträchtige Verfahren werden nicht zugelassen. Im Rahmen des bauaufsichtlichen Zulassungsverfahrens können aber grundsätzlich nicht Belege über eine lange Praxisbewährung verlangt werden, da eine umfangreichere Praxisanwendung ja durch die Zulassung erst möglich werden soll. Die in dieser Hinsicht immer wieder geäußerte Kritik an den Zulassungen ist insofern unverständlich und zielt in die falsche Richtung. Vielmehr ist die irreführende Werbung mit Zulassungen zu kritisieren. Die nur begrenzte Aussagefähigkeit der Zulassungen war über lange Zeit aus den jedem Bescheid vorgehefteten, allgemeinen Bestimmungen klar erkennbar. Dort hieß es: »Die Zulassung berücksichtigt den derzeitigen Stand der technischen Erkenntnisse. Eine Aussage über die Bewährung des Zulassungsgegenstandes ist mit der Erteilung der Zulassung nicht verbunden.«

Mit dem Bauproduktengesetz (1992), seiner Umsetzung in neuen Bauverordnungen und den Bauregellisten wird sich in Zukunft auch die Funktion von bauaufsichtlichen Zulassungen ändern, die in erweitertem Umfang die Brauchbarkeit neuer Produkte zu prüfen haben. Insofern werden in dieser Hinsicht in Zukunft die Risiken für den Anwender neuer Bauverfahren geringer.

Das genannte, als sicher angepriesene Wärmedämmverbundsystem wird heute nicht mehr angeboten. Trotz anderslautender Gutachten führten die Formänderungen der angedübelten Faserzementplatten zwar nicht bei allen Objekten, doch häufig in der darauf aufgebrachten Oberbeschichtung zu Rißbildungen über den Plattenstößen (Bilder 4, 5).

4, 5 Rißbildungen im Wärmedämmverbundsystem mit angedübelten Faserzementplatten

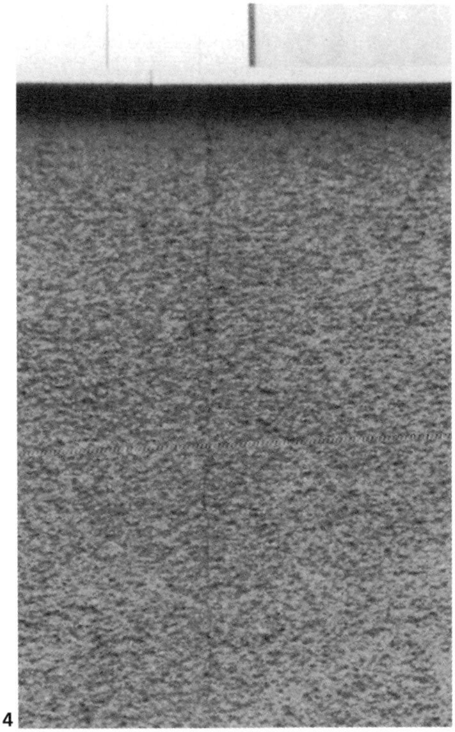

4

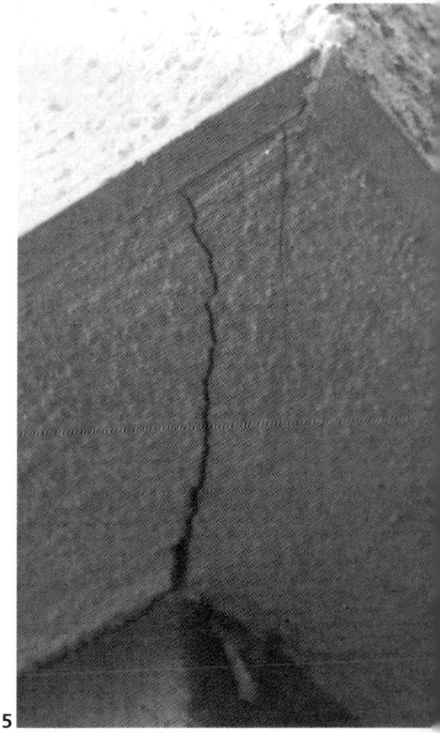

5

Bei der Anwendung neuer Bauweisen ist erhöhte Vorsicht und Wachsamkeit geboten.
- Mißtrauen gegenüber jeder Werbung;
- sorgfältiges Prüfen des tatsächlichen Aussagegehaltes von vorgelegten Gutachten, Prüfzeugnissen und Zulassungen;
- Anfordern von Referenzobjektlisten, Besichtigung ausgewählter Objekte und Befragung der beteiligten Kollegen;
- ausführliche Unterrichtung des Bauherrn und Einholen der ausdrücklichen Zustimmung.

Die anbietende Industrie sollte endlich ihren Werbefachleuten die Zügel anlegen und seriöse Information anstelle irreführender Anpreisung bieten.

Lücken und Risse in Wärmedämmverbundsystemen

»Die im Interesse des Klimaschutzes, des Umweltschutzes sowie der Ressourcenschonung notwendige, drastische Verminderung des Heizenergiebedarfs setzt eine weitestgehende energetische Sanierung des Altbaubestandes voraus.« – So kommentiert der Bundesrat in seiner Entschließung vom 15. 10. 1993 eine wesentliche Lücke in der novellierten Wärmeschutzverordnung. Der nachträgliche Wärmeschutz des Baubestandes wird daher in den nächsten Jahren eine immer wichtigere Aufgabe sein.

Wärmedämmverbundsysteme (WDVS) stellen eine kostengünstige und bei Putzbauten das ursprüngliche Erscheinungsbild wenig verändernde Möglichkeiten dar, den Wärmeschutz von Fassaden erheblich zu verbessern. Die grundsätzliche Beurteilung dieser Systeme wurde im letzten Kapitel (siehe Seite 98) besprochen.

Ein besonderes Problem ist die richtige Einschätzung von Lücken und Rissen in WDVS.

Der Schlagregenschutz von WDVS erfolgt nach dem sogenannten »einstufigen Prinzip« – die Schutzfunktion muß durch die Putzschicht selbst vollständig erbracht werden. Mit einer vorübergehenden kapillaren Wasserspeicherung durch die hydrophobierten Beschichtungen, Putze und Mineralfaserdämmstoffe oder die praktisch nicht kapillar wasseraufnahmefähigen Hartschäume darf nicht gerechnet werden. Einmal eingedrungenes Wasser kann nur sehr langsam über den Diffusionsweg austrocknen.

Auf die sorgfältige Abdichtung aller Anschlüsse ist daher bei WDVS weit mehr als bei traditionellen, speicherfähigen Außenputzen und Untergründen zu achten. Am Beispiel eines vor einigen Jahren nachträglich wärmegedämmten Mehrfamilienhauses in stark schlagregenbeanspruchter Lage kann dies deutlich belegt werden. Das Polystyrol-Wärmedämmverbundsystem mit gewebearmierter Kunstharzbeschichtung schloß ohne Abdichtung an die neu eingesetzten Kunststoffenster an (Bilder 1, 2).

Schlagregendurchfeuchtungen in den Leibungen waren die Folge. Nachträglich aufgeschmierte Dichtstoffe brachten nicht den erhofften Erfolg. Aus dem gleichen Grund führten Lücken

1, 2 Mangelhafter Anschluß des Wärmedämmverbundsystems am Fensterrahmen führt zu Durchfeuchtungen in der Leibung
3, 4 Durchfeuchtung an der Fensterbank wegen fehlender Abdichtung des seitlichen Fensterbankanschlusses
5, 6 Lücken an Balkonanschlüssen führen zu erheblichen Durchfeuchtungen des Dämmsystems
7 Horizontalriß in der Fensterecke über einem Dämmplattenstoß

1

2

5

6

3

7

4

an den seitlichen Fensterbankanschlüssen zu Ausblühungen und Abtropfungen in den Heizkörpernischen (Bilder 3, 4).

Außerdem waren die Verblechungen und Anschlüsse der Balkone nachlässig ausgeführt, so daß Wasser hinter das WDVS gelangen konnte und zu beulenförmigen Ablösungen der Beschichtung führte (Bilder 5, 6). Dieses Schadensbeispiel macht deutlich, daß bei solchen Anschlüssen mit großer Sorgfalt gearbeitet werden muß: Hier sind vorkomprimierte Schaumstoffdichtbänder einzulegen oder, noch besser, Randanschlußprofile mit ausreichend breiten, hinterlegten Dichtstoffphasen vorzusehen.

Das häufigste Schadensbild bei WDVS sind Risse: Risse im Verlauf der Dämmplattenstöße und diagonal von den Fensterecken ausgehende Risse. Beschichtungen und Putze auf Dämmschichten bleiben trotz der großen thermisch bedingten Längenänderungsbestrebungen ohne Dehnfugen rissefrei, da ein kraftschlüssiger Verbund zwischen den Systemkomponenten besteht. Dieser ist grundsätzlich am Dämmplattenstoß gestört. Treten zusätzlich noch Ausführungsmängel im Stoßbereich auf, so können Risse auftreten.

Die häufigste Ursache für Risse im Verlauf der Dämmplattenfugen ist eine lückenhafte Verklebung der Dämmplattenränder, auf die bereits im Abschnitt 4.1 eingegangen wurde.

Die Ecken der Bauwerksöffnungen (Bild 7) sind grundsätzlich Schwachstellen im System, da von ihnen eine Kerbwirkung ausgeht. Verlaufen die von den Ecken ausgehenden Risse in der Flucht der Öffnungskanten, so zeichnen sie meist ebenfalls Dämmplattenstöße nach. Alle Systemhersteller schreiben vor, daß grundsätzlich in den Fensterecken ausgeklinkte Platten verwendet werden müssen, damit die Schwachstelle der Ecke nicht mit der Schwachstelle der Dämmplattenfuge überlagert wird.

Verläuft der Riß in der Ecke diagonal (Bild 8), so fehlt in der Regel die zusätzliche diagonale Eckbewehrung (Bild 9 – diese Bewehrung wird übrigens im Hinblick auf verputzte Mehrschichtenleichtbauplatten auch in der DIN 1102 gefordert). Bei dem in Bild 10 dargestellten Schadensfall wurde bei der Armierung des Fenstereckbereichs allerdings zuviel des Guten getan: Bei dem vierfach übereinandergelegten Glasgewebe stellt die Armierung eher eine Trennschicht zwischen zwei

8 Diagonalriß in der Fensterecke – es fehlt die diagonale Eckbewehrung
9 Notwendiger Fugenverlauf und Diagonalarmierung an Fensteranschlüssen
10 Zu viele Armierungsgewebelagen führten bei diesem Gebäude zu Rißbildungen in den Fensterecken
11 Riß über dem Stoß von zwei Anschlußprofilen

8

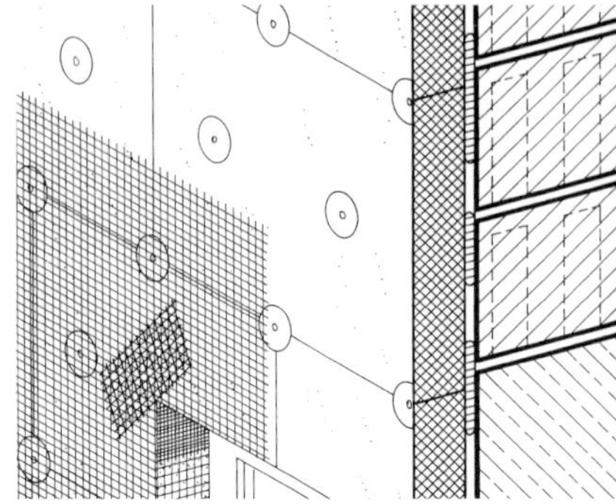

9

10

11

nicht armierten Putzlagen dar, was unweigerlich zu den Diagonalrissen führte. Ein drittes, häufiger vorkommendes Schadensbild sind Risse, die von den Stößen der Sockel- und sonstigen Randanschlußprofile (Bild 11) ausgehen. Diese Rißgefahr kann etwas minimiert werden, wenn die Profile nicht stumpf gestoßen werden, sondern mit einem Spaltabstand von wenigen Millimetern eingebaut werden.

Die schwierige Rißsanierung ist einer der Nachteile von WDVS. Selbst wenn es aufgrund der Oberflächenstruktur des Putzes und der relativ geringen Rißweite (bis etwa 0,3 mm) möglich ist, die Risse durch Anstriche einzuschlämmen und zu überdecken, so stellt doch bereits das Anstreichen, insbesondere bei größeren Gebäuden, einen erheblichen Kostenaufwand dar – ganz zu schweigen vom Aufwand einer vollständigen Neubeschichtung mit Gewebearmierung oder gar einer völligen Erneuerung des Systems.

Die Frage, wie Rißbildungen in WDVS zu bewerten sind und ob bei kleineren Rissen Nachbesserungen überhaupt notwendig werden, ist daher bei diesen Dämmsystemen besonders wichtig und gibt sehr häufig Anlaß zu Streit. In den Erläuterungen zur Putznorm (DIN 18 550, Teil 2) ist nachzulesen, daß es bei den Rißschäden darum geht, inwieweit der »technische Wert« des Putzes durch die Risse beeinträchtigt wird. Neben der Beurteilung der Beeinträchtigung des optischen Erscheinungsbildes sind vor allem die Auswirkungen auf die Dauerhaftigkeit und auf den Schlagregenschutz zu klären. Künzel kommt in dieser Hinsicht zu einem für Hersteller und Ausführungsbetriebe beruhigenden Ergebnis: *»Risse in Außenputzen von Wärmedämmverbundsystemen (WDVS) mit Polystyrol-Hartschaumplatten oder mit hydrophobierten Mineralwolleplatten beeinträchtigen in der Regel die Funktion des Dämmsystems nicht. Die Risse sind lediglich als optischer Nachteil zu bewerten. Auch Folgeschäden – ausgehend von Putzrissen – sind nicht zu erwarten.«* Dieser Bewertung kann ich leider aufgrund anderer Schadenserfahrungen nicht uneingeschränkt zustimmen.

Künzel kommt zu seinen Ergebnissen insbesondere aufgrund der Messung des Feuchtigkeitsgehalts der Dämmstoffe hinter den Rissen. Dies ist aber nur einer der zu berücksichtigenden Aspekte. Die Folienabhängung der Gerüste an der Giebelseite des in Bild 12 dargestellten Hauses wurde nicht etwa angebracht, damit bei Regenwetter am Giebel gearbeitet werden kann, sondern als ein Wetterschutz, damit die hinter dem Giebel liegenden Wohnräume trotz Rißbildungen im WDVS überhaupt weiter bewohnbar sind! Über relativ schmale Risse (Rißweiten um 0,5 mm) wurde der Schlagregen durch die Dämmplattenfugen gedrückt und gelangte durch

12 Mit Folien verhängte Hausgiebelseite als Schutz gegen Schlagregen
13 Zustand des Dämmstoffuntergrundes
14 Bis zum Gebäudeinneren durchschlagende Durchfeuchtungen
15 Wasserfortleitung bei Rissen in WDVS links: umfangreiche rechts: geringe Schadensfolgen.

12

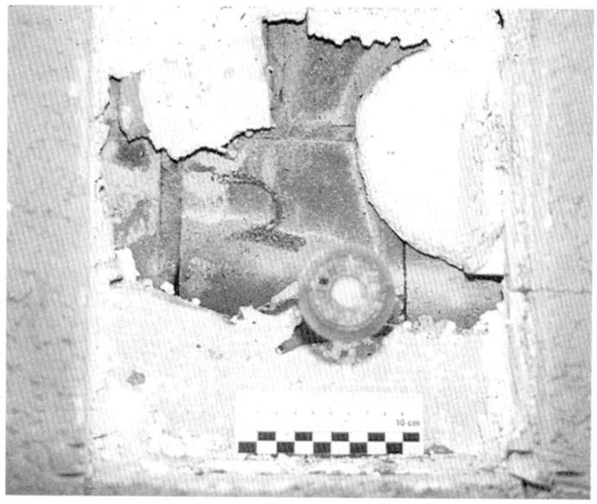

13

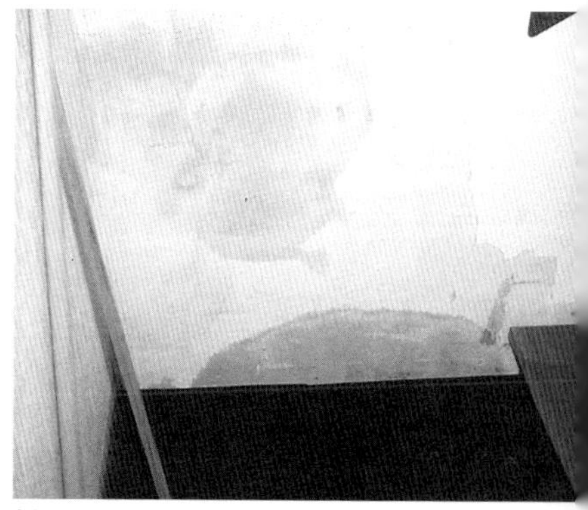

14

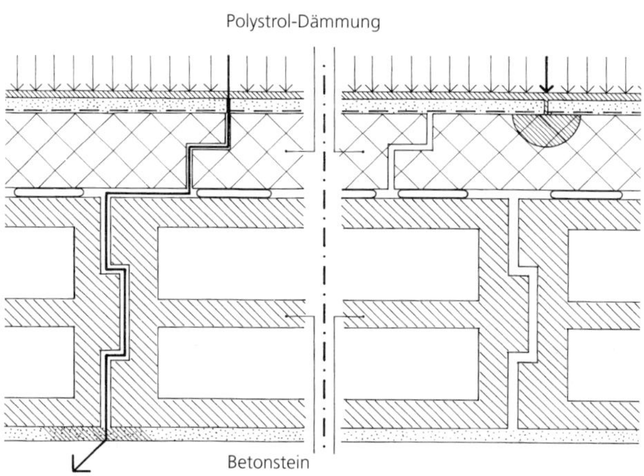

15

das teilweise mit offenen Stoßfugen eingebaute Schlackenbetonsteinmauerwerk (Bilder 13, 14) bis ins Gebäudeinnere. Bei diesem Schadensfall konnte auch ich keinen bemerkenswert erhöhten Feuchtigkeitsgehalt des Dämmstoffs feststellen. Trotzdem war das Haus fast unbewohnbar.

Der Einfluß von Rißbildungen auf den Schlagregenschutz kann nur dann sachgerecht beurteilt werden, wenn man folgende Kriterien berücksichtigt:
- die Wasserfortleitung im Riß und
- die Austrocknungsmöglichkeiten des eingedrungenen Wassers.

Dabei spielen folgende Faktoren eine Rolle:
- die Kapillarität und Wasserspeicherfähigkeit des Putzes und des Untergrundes;
- die Dampfdichtigkeit des Putzes und
- die Art des Rißverlaufs, wobei entscheidend ist, ob der Riß auf einer dichten Schicht endet oder ungünstigstenfalls je nach Fugenverlauf des Untergrundes bis zum Innenraum durchgeht.

Die Diagonalrisse in den Fensterecken und an den Profilstößen sind daher häufig vernachlässigbar, da sie auf nicht kapillar leitfähigen Dämmplattenoberflächen enden. Die große Zahl der über den Dämmplattenfugen verlaufenden Risse ist aber problematisch, besonders wenn Dämmplatten ohne Stufenfalz oder mit nach oben geöffnetem Stufenfalz verlegt worden sind (Bild 15). Künzel weist zwar auch auf die Möglichkeit der Wassermitführung durch Luftströmung und Staudruck bei durch mangelhafte Verklebung entstandenen Lücken im Untergrund hin. Er übersieht allerdings, daß diese Ausführungsfehler keine seltenen Sonderfälle sind, sondern häufig vorkommen.

In der Regel werden zwar hydrophobierte Putze und Beschichtungen verwendet, trotzdem muß bei Rißweiten über 0,1 mm nach den Untersuchungen von Franke durch Staudruck mit dem Eindringen des Regenwassers in die Risse über Dämmplattenfugen gerechnet werden. Nur bei Haarrissen bis etwa 0,1 mm Breite kann also davon ausgegangen werden, daß die Rißbildungen unproblematisch sind. Sie werden dann auch in aller Regel optisch kaum auffallen, da über dem Riß keine deutliche Schmutzablagerung stattfindet. Auch im

Hinblick auf die Dauerhaftigkeit muß von den Rißbildungen eine nachteilige Entwicklung erwartet werden: So ist z. B. bei Kunstharzbeschichtungen an über längere Zeit bewitterten Rissen offensichtlich mit Quellerscheinungen und Wulstbildungen zu rechnen, die schließlich zu Ablösungen zumindest der Deckbeschichtungen im Rißverlauf führen. Bei mineralischen Putzen werden infolge einer verstärkten Erosion Zuschlagkörner entlang der Rißflanken abgelöst, wodurch nach und nach ein V-förmig aufgeweiteter Rißverlauf mit deutlich optischen Störwirkungen entsteht.

Risse im WDVS sind demnach nicht generell als harmlos einzustufen, sondern setzen eine sorgfältige Bewertung im Einzelfall voraus. In sehr vielen Fällen erfordern solche Schäden Nachbesserungen. Häufig können Anstriche (gegebenenfalls mit einer vorhergehenden Hydrophobierung) schon eine diskutable Losung darstellen.

Literaturhinweise

Der zitierte Aufsatz von H. Künzel erschien unter dem Titel: »Die Bewertung von Putzrissen bei Wärmedämmverbundsystemen« in der Zeitschrift Bautenschutz und Bausanierung, 6/95.

Bild 9 ist in dem Fachbuch Oswald/Lamers/Schnapauff »Nachträglicher Wärmeschutz für Bauteile und Gebäude«, Bauverlag, 1995, entnommen; Bild 15 der Veröffentlichung Oswald »Die Beurteilung von Außenputzen – Strategien zur Lösung typischer Problemstellungen«, in: Aachener Bausachverständigentage 1989.

Die zitierte Norm DIN 1102 (Nov. 1989) befaßt sich mit dem Verarbeiten und Verputzen u. a. von Mehrschicht-Leichtbauplatten.

Die Untersuchungen von Francke und Bentrup erschienen unter dem Titel »Einfluß von Rissen auf die Schlagregensicherheit von hydrophobiertem Mauerwerk und Prüfung der Hydrophobierbarkeit« in: Bautenschutz und Bausanierung, 14/91.

Zweischalige Verblendschalen-konstruktionen

Verblendschalen

Die Schmerzgrenze für klaglos hingenommene Bauschäden und einen unüblichen, hohen Instandhaltungsaufwand liegt bei formal sehr guter Architektur höher als bei Allerweltsgebäuden. Solange die Nutzbarkeit und Sicherheit nicht völlig in Frage gestellt sind, akzeptieren Bauherr und Nutzer häufig, daß die formale Qualität, die Atmosphäre, der Zeichencharakter derartiger Gebäude vermeintlich nur durch Abstriche bei den »banalen« Nutzungsfunktionen erkauft werden können. Insbesondere in den Kapiteln »Form kontra Bauphysik« (Seite 24) und »Schlagregenschutz bei massivem Sichtmauerwerk« (Seite 49) wurde auf dieses Problem schon eingegangen.

Wohl diese Erfahrung verleitet namhafte Architekten – zu Professorenwürden gelangt – dazu, auch ihren Studenten die Vernachlässigung der Bauphysik zugunsten der Form zu predigen. Diese Haltung hat so manchen jungen Architekten die berufliche Existenz gekostet, noch ehe sie richtig begonnen hatte. Soweit ihre Pläne überhaupt jemals durch Architektenhände gingen, werden Hochbauten meist von durchschnittlichen Architekten gebaut. Die formalen Anstrengungen bringen nur noch modische Zutaten hervor, Nachsicht bei Fehlschlägen solcher Durchschnittsarchitektur wird nicht geübt. Dazu der folgende Schadensfall: An den Klinkerverblendschalen eines in niederschlagsreicher, rauher Mittelgebirgslage errichteten, mehrgeschossigen Bürohauses waren Ausblühungen, Eindunklungen, Vermoosungen und Rißbildungen entstanden. An den Hauptwetterseiten lief nach starken Regenfällen innenseitig an den Fensterstürzen Wasser aus.

Das formale Konzept des Architekten sah vor, sämtliche Kanten der Verblendschalenflächen wie die Ränder der Fen-

1 Konstruktive Situation und Formänderungen im Brüstungsbereich
2 Nachgebesserte Rißverläufe über den Fensterstürzen
3 Gestaltung der Rollschichten und Blechabdeckungen am Dachrand: Ausblühungen und Vermoosungen

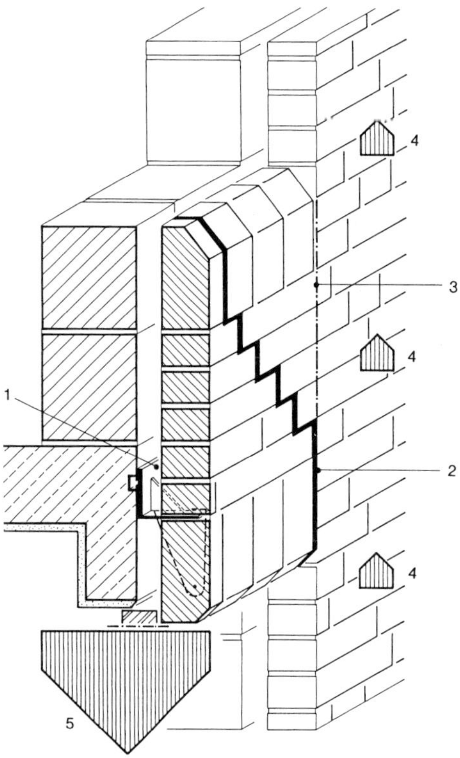

1 Abfangkonsole
2 Riß
3 Erforderliche Dehnfuge
4 Temperaturbedingte Ausdehnung der Verblendschale
5 Schwind-, Kriechverkürzungen der tragenden Wand

1

2

3

steröffnungen und die Anschlüsse im Traufbereich durch Formziegel abgeschrägt auszubilden. Alle horizontalen und an den Ortgängen schräg verlaufenden Ziegelränder waren als Rollschichten mit ebenfalls abgeschrägten Formsteinen versehen, die nur zum geringen Teil durch Fensterbank- und Traufbleche abgedeckt waren. Überstände mit Tropfkanten und seitlichen Fensterbankaufkantungen fehlten ganz. Trotz der schneereichen Lage wurden die Regenrinnen aus formalen Gründen verdeckt hinter dem oberen Verblendschalenrand versteckt.

Um den Eindruck eines massiv gemauerten Ziegelgebäudes nicht zu beeinträchtigen, war auf die Anordnung von Dehnfugen in der Verblendschale verzichtet worden.

Die mit der Geschoßzahl zunehmenden Rißbilder zeigen, daß sich die Sturz- und Brüstungsfelder gegenüber den durchlaufenden Pfeiler- und Wandflächen der Verblendschale abgesenkt haben. Die unterschiedlichen Formänderungen von Verblendschale und Hintermauerung sind schadensauslösend: Während die tragende Wand aus Bimsbeton- bzw. Kalksandsteinen im Vergleich zur Klinkervormauerschale aufgrund der Material-, Belastungs- und Feuchtigkeitsunterschiede erheblich stärker kriecht und schwindet, kann sich die Vormauerschale bei sommerlicher Aufheizung ausdehnen. Solange Stürze als scheitrechte Bögen gemauert sind oder von seitlich auf den Verblendschalenpfeilern aufliegenden Stahlwinkeln getragen werden, können die beiden Schalen ihre Verformungsdifferenzen ungehindert ausleben.

Liegen die Stürze aber – wie im vorliegenden Fall – auf den heute immer häufiger verwendeten »unsichtbaren« Edelstahlabfangkonsolen auf, so folgen sie geschoßweise der Verkürzung des tragenden Untergrundes; Abrisse zu den sich über mehrere Geschosse durchlaufend verlängernden Verblendschalenpfeilern sind damit vorprogrammiert.

Da die wiederkehrende thermische Längenänderung der Vormauerschale eine der rißverursachenden Verformungskomponenten ist, können diese Risse nicht – wie hier versucht wurde – durch starres Vermörteln geschlossen werden. Sie reißen immer wieder, wenn auch in geringerer Breite, auf.

Die Risse als »nicht geplante Dehnfugen« müssen daher nachträglich durch Nachschneiden und gegebenenfalls

4 Zustand der Verfugung, Flankenabrisse (»Blattkapillaren«) des Mörtels vom Stein; extreme Wasseraufnahme über diese Haarfugen
5 Sickerwege des Wassers am Fenstersturz
6 Durchfeuchtung im Bereich der Stürze
7 Dichtungsbahnstreifen unter der Rollschicht haben die Dichtigkeit nicht verbessert
8 Die Fensterbankrollschicht wird nur teilweise durch eine Blechabdeckung (ohne seitliche Aufkantung) geschützt

Beimauern in mit Dichtstoffen geschlossene, senkrechte Dehnfugen am Rand jedes Brüstungsfeldes umgewandelt werden, so wie es bei dieser konstruktiven Situation von Anfang an erforderlich gewesen wäre. Die sonst für Ziegelverblendschalen üblichen Regeln für die Lage senkrechter Dehnfugen (an allen Ecken und im Abstand von höchstens 12 m) sind hier also nicht ausreichend.

Obwohl die Fenster unmittelbar an die mit Anschlag gemauerten Verblendschalen anschlossen, fehlte über den Fensterstürzen eine Fußpunktabdichtung in der Verblendschale – was die DIN 1053, Teil 1, jedoch fordert. Die Anbringung derartiger Fußpunktabdichtungen war bei den hier verwendeten Edelstahlkonsolen allerdings auch äußerst schwierig, da die Aussteifungsbleche dieser Konsolen erst zwei Steinschichten über der Rollschicht das Einlegen einer rückseitig aufgekanteten Dichtungsbahn zuließen. Man vermißt generell bei den nach Katalog bestellbaren Konsolkonstruktionen die Berücksichtigung der Fußpunktabdichtung.

Der Traßzementfugenmörtel war aufgrund eines sehr geringen Mehlkorngehalts sehr porös und hatte sich an vielen Stellen von den Steinflanken gelöst. Wie auch Wassereindringprüfungen zeigten, lagen demnach Ausführungsmängel an der Verfugung vor, die zu einer sehr hohen Wasseraufnahme und in der Folge zu Ausblühungen und Vermoosungen führten. (Die Untersuchung nicht vermauerter Steine ergab keinen unzulässig hohen Gehalt an ausblühfähigen Stoffen.)

Die konzentrierten Durchfeuchtungsspuren unter den Fensterbank- und Traufrand-Rollschichten warfen jedoch – abgesehen vom offensichtlichen Mangel fehlender seitlicher Fensterbankaufkantungen – die Frage auf, ob es überhaupt fachgerecht ist, bewitterte Mauerwerkskanten durch Rollschichten schützen zu wollen – eine Frage, auf die im folgenden Kapitel (Seite 121) ausführlich eingegangen wird.

Rollschichten sind demnach in stark bewitterten Situationen nicht mit Sicherheit schlagregendicht herstellbar.

Dichtungsbahnen unter der Rollschicht schützen zwar das darunterliegende Mauerwerk, verstärken aber die Belastung und die Rissegefahr in der darauf aufliegenden Rollschicht.

Beim vorliegenden Schadensfall waren derartige Bahnenstreifen völlig wirkungslos eingelegt worden. Imprägnierungen

4

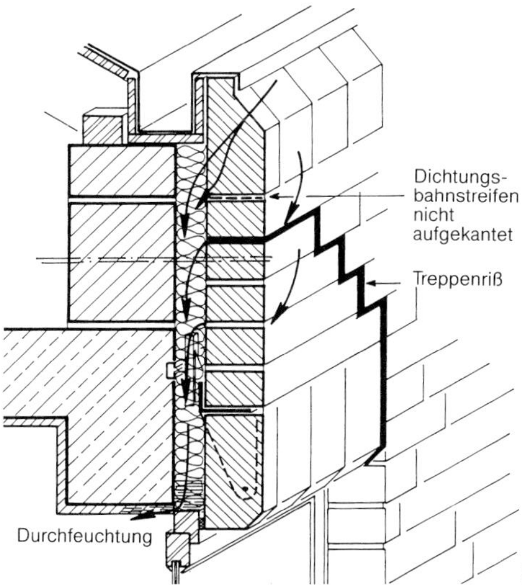
Dichtungs-
bahnstreifen
nicht
aufgekantet
Treppenriß
Durchfeuchtung
5

6

7

8

der Rollschicht sind immer dann abzulehnen, wenn in der Schicht Risse mit Weiten deutlich über 0,1 mm vorliegen oder wenn mit einer späteren Rißbildung gerechnet werden muß. Aufgrund der verschlechterten Austrocknungsbedingungen wird nämlich sonst bei derartigen Rissen durch die Imprägnierung die Wasserbelastung eher vergrößert. Sichere Rollschichtkonstruktionen bestehen aus Betonfertigteilen, in denen die Mauersteine fest eingebunden liegen.

Bei der Beurteilung von Baumängeln trifft man häufig auf das Gegenargument, daß die kritisierte Konstruktion schon vielfach schadensfrei ausgeführt worden sei. Besonders wer sich langfristig mit Bauschäden beschäftigt und selbst in größerem Umfang verantwortlich Empfehlungen zur Verhinderung von Schäden bei Neubauprojekten gegeben hat, beobachtet mit großer Aufmerksamkeit ausgeführte Gebäude, bei denen offensichtlich gegen bautechnische Regeln verstoßen wurde, ohne daß es zu Schäden gekommen ist. Dabei muß man feststellen, daß dies sehr häufig der Fall ist:

– Aus dem Verblendschalenbereich ist dabei nicht nur das Rollschichtenproblem, sondern auch das Weglassen von Dehnfugen zu nennen. In äußerst vielen Fällen weisen Verblendschalen ohne irgendwelche Dehnfugen (wie sie in den Regeln gefordert werden) keinerlei Risseschäden auf. Treten Risse auf, sind diese allerdings sehr störend und häßlich und nur mit großem Kostenaufwand zu beseitigen. Ähnliches gilt für das Weglassen von Fußpunktabdichtungen.

– Die Putzregel zum Festigkeitsgefälle von innen nach außen wird sehr häufig (fast immer z. B. im Sockelbereich) nicht eingehalten. Trotzdem sind Risseschäden nicht die Regel.

– In einer Vielzahl von Fällen werden auch die verminderten Anforderungen an die Aufkantungshöhe von Abdichtungen an Terrassentüren (5 cm über Oberkante Belag mit entwässertem Gitterrost) nicht eingehalten. Trotzdem entstehen meist keine Schäden.

– Dränagen werden in sehr großer Zahl nicht entsprechend den sehr hohen Anforderungen der DIN 4095 ausgeführt. Trotzdem sind meist keine Durchfeuchtungen im Kellerbereich zu beobachten.

Diese Liste kann fast beliebig verlängert werden. Gleichzeitig stehen die beschriebenen konstruktiven Situationen in der Schadensstatistik ganz oben. Man kann sich dies folgendermaßen erklären: All die aufgezählten Konstruktionen sind unter günstigen Bedingungen funktionsfähig. Deshalb werden sie bedenkenlos immer wieder realisiert. Treten jedoch mehrere ungünstige Umstände nebeneinander und überlagernd auf, so wie dies baupraktisch gelegentlich der Fall ist, so führen diese Konstruktionsweisen zu erheblichen Schäden. Es ist die Aufgabe des Architekten und des Ingenieurs, so zu planen, daß eine Bauweise auch bei ungünstiger Überlagerung von Beanspruchungen vorhersehbar schadensfrei bleibt. Sie ist weiterhin so zu planen, daß die Realisierung durch einen durchschnittlich ausgebildeten und mit durchschnittlicher Sorgfalt arbeitenden Handwerker möglich ist. Davon kann bei stark bewitterten Rollschichten offenbar nicht die Rede sein.

Über den formalen Anstrengungen zur konsequenten Gestaltung aller Verblendschalendetails mit Formsteinen wird heute häufig der technische Zweck bestimmter Bauteile vergessen. So ist im vorliegenden Fall von den Abdeckungs- und Schutzfunktionen von Fensterbänken und Traufabdeckungen nicht mehr viel übrig geblieben. Sie sind sozusagen zu formalem Beiwerk degeneriert. Auch die hinter dem Rollschichtendachrand versteckte Kastenrinne ist allein formal motiviert. Gleiches gilt für das Fehlen der Dehnfugen.

Richtig konstruierte Verblendschalen können nicht das Erscheinungsbild eines massiven einschaligen Mauerwerksbaus imitieren. Sie sind wetterschützende Schalen, die, durch Fugen gegliedert, den tragenden Baukörper umhüllen.

Neben anderen Fehlleistungen ist die falsche Einschätzung des Stellenwerts der baukonstruktiven Erfordernisse die wesentliche, tiefere Schadensursache des dargestellten Falls.

Gebäude, die ihren hohen formalen Anspruch nur durch Abstriche bei der technischen Funktionsfähigkeit erkaufen, sind keine Meisterwerke, sondern hohle Stümperei. Wann setzt sich endlich auch an den Hochschulen allgemein die Erkenntnis durch, daß ein Mehr an formaler Qualität nur mit einem Mehr an technischer Kenntnis glaubwürdig und dauerhaft erreichbar ist?

Literaturhinweise

Die Aussagen der Mauerwerksnorm DIN 1053, Teil 1, Nov. 1996, sind zu den hier diskutierten Themen der senkrechten Fugeneinteilung und Abdeckung von Verblendschalen weiterhin sehr global.

Der Normkommentar (Beuth-Kommentar: Mauerwerk – DIN 1053) hilft – wie mein Zitat zeigt – auch nur bedingt weiter.

Auch Belz u. a., »Mauerwerkatlas«, 1984, ist zur Dehnproblematik bei weitem nicht so detailliert, wie dies von einem umfangreichen Spezialbuch zum Thema Mauerwerk zu erwarten ist.

Zum gesamten Themenkomplex der Verformung von Mauerwerk sind die Beiträge von Schubert, P. im Mauerwerkkalender: »Verformung und Rißsicherheit von Mauerwerk« eine sehr ergiebige Informationsquelle.

Im Gegensatz zu den wenig befriedigenden Angaben zu den Rollschichten sind die Informationen der Ziegelbauberatung zu den Verblendschalendehnfugen sehr ausführlich und genau.

Bei Kalksandstein-Verblendschalen sollte man die Informationen der Kalksandstein-Industrie, »Kalksandstein, Planung, Konstruktion, Ausführung«, verwenden.

Produktinformationen – Rollschichten

Über 10 000 Bauprodukte werden angeboten, und diese Zahl wächst im europäischen Binnenmarkt mit Sicherheit. Wer soll da noch den öberblick behalten und richtig – das heißt hier: ohne Schadensfolgen – auswählen? Wie nicht anders zu erwarten, sind bisher alle Versuche gescheitert, dieses Bewertungsproblem durch Datenbanken zu lösen:

Unbestreitbar lassen sich mit dem Computer große Datenmengen rationeller speichern, ordnen, abrufen und aktualisieren – mit der Verwaltung von Daten allein werden Schäden jedoch nicht verhindert. In der Regel werden Bauprodukte verkauft, bevor ihre Leistungsgrenzen durch umfangreiche, langfristige und praktische Feldversuche belegt sind – von bauaufsichtlich relevanten Aspekten einmal abgesehen. Die tatsächliche Schadensanfälligkeit wird erst nach vielfacher praktischer Anwendung erkennbar, und so ist die Einschätzung eines Produktes eine wertende Entscheidung aufgrund von meist nicht wissenschaftlich streng beweisbaren Praxiserfahrungen und Analogieschlüssen. Klare Aussagen über die Leistungsgrenzen und Risiken eines Bauprodukts setzen verantwortungsbewußte Bewertungen voraus, die durch die Einschränkung des möglichen Anwendungsfelds letztlich auch über den Absatzmarkt und den Umsatz mitentscheiden. Eine Behörde oder gar ein von der Bauwirtschaft getragenes Institut kann diese Aufgaben nicht erfüllen.

Ich meine, daß der Planer auch in Zukunft aufgrund seines Wissens und seiner Erfahrung und mit kritischer Distanz zu den Produktinformationen selbst über die Anwendungsgrenzen eines Produkts entscheiden muß, egal ob die bunte Werbung auf den Tisch flattert oder in scheinbar objektiver Tabellenform über den Bildschirm flimmert. Das im folgenden dargestellte Schadensbeispiel soll diese Zusammenhänge verdeutlichen, obwohl es die Anwendung eines keineswegs neuen Bauprodukts – nämlich des Mauerziegels – betrifft.

Zur Erweiterung der innerstädtischen Einkaufszone wurde in einer rheinischen Stadt ein Geschäfts-, Büro- und Wohngebäudekomplex errichtet, der sich als große Rampenanlage über eine Durchgangsstraße schiebt und an den Burgberg anlehnt. Rampen, Treppen, Brüstungen und Einfassungen des

1 Teilansicht des Ziegel-Sockel-Geschosses
2, 3 Typische Schadensbilder

1

Sockelgeschosses waren von den Architekten als Scheiben, Kuben, Pyramiden und Zylinder wie aus einem Tonblock ausgeschnitten konzipiert und sind entsprechend aus Ziegelverblendmauerwerk und -pflaster hergestellt. Formal konsequent wurde auch bei den Abdeckungen der aufgezählten Architekturelemente auf »Fremdmaterialien« verzichtet und Ziegelrollschichten ohne Neigung und Überstand ausgeführt.

Da nicht anzunehmen ist, daß Architekt und Bauherr bewußt im Sinne von Hundertwassers Manifest eine »schöpferische Verschimmelung und kritische Verwitterung« des Bauwerks angestrebt haben, muß man die Folgen dieser planerischen Entscheidungen katastrophal nennen. Nach gut zehnjähriger Standzeit sind Treppen und Rampen mit Kalkhydratläufern verschmutzt; Ausblühungen, Moosbildungen und Fugenausbrüche überziehen die Ziegelflächen unter den Rollschichten. Nachträgliche Abdeckungen mit Kupferblech haben zwar

2

3

teilweise die Situation verbessert, aber da das Gebäude nicht für den fachgerechten Einsatz von Blechen geplant war, konnten nicht alle Probleme beseitigt werden.
Es ist unumstritten, daß vor allem freistehende, voll den Klimaschwankungen ausgesetzte Wandscheiben aus Sichtmauerwerk niemals wasserdicht hergestellt werden können: Wände aus Vormauerziegeln und Fugenmörtel ohne Dichtmittelzusätze sind ohnehin kapillar wasseraufnahmefähig; bei Klinker und Fugenmörteln mit Dichtmittelzusatz sind selbst bei fachgerechter Zusammensetzung und Ausführung Haarrisse an den Fugenflanken nicht ganz zu vermeiden, die aufgrund der fehlenden Kapillarität der Rißflanken blankes Wasser ins Wandinnere leiten. Aus welchem Grund sonst fordert die Mauerwerksnorm bei Vormauerschalen kategorisch nach außen entwässerte, rückseitig aufgekantete Fußpunktabdichtungen?

4 Abrisse an den Fugenflanken der Rollschicht
5 Vermoosungen zeigen große Wasserbelastung unter der überstandslosen Abdeckung
6 Die ständig starke Wasserbelastung führt zur Zerstörung der Mörtelfuge
7, 8 In Treppen- und Rampenbereichen überlagern sich die Rollschichtprobleme mit Mängeln der Wasserführung unter den Belagschichten. Kalkhydratläufer sind die Folgen
9 Die nachträgliche Blechabdeckung kann nur unsachgemäß und häßlich mit viel »Dichtmassenknete« angeschlossen werden. Der Anschluß ist mit Sicherheit hinterläufig

4

5

6

Wenn schon die immerhin im Verband gemauerte senkrechte Fläche nicht dicht zu bekommen ist, kann dies erst recht nicht von den horizontal oder schräg aufgereihten, stärker bewitterten Rollschichtsteinen mit hohem Fugenanteil erwartet werden. Dichtungsbahnen unter der Rollschicht vermindern zwar die Beanspruchung des darunterliegenden Mauerwerks, erhöhen aber die Durchfeuchtungs- und Ausblühgefahr an der Rollschicht selbst und verschlechtern deren Verbund mit dem Untergrund (siehe Kapitel »Verblendschalen» Seite 113). Extreme Feuchtigkeitsbelastungen entstehen, wenn Rollschichten horizontal und ohne Überstände ausgeführt werden. Auch bei historischen Ziegelbauten wurden Abdeckungen daher immer mit sehr starkem Gefälle und deutlicher Tropfkante ausgeführt. In der Regel jedoch wurden die Fensterbänke und Gesimsbereiche aus Werksteinen hergestellt.

7

8

9

Ob die Anwendung von Ziegelrollschichten grundsätzlich einen Planungsfehler darstellt, ist umstritten. Selbst die eindeutigen Formulierungen der Mauerwerksnorm (DIN 1053, Teil 1, 1996-11 Abschnitt 8.1.1) haben die Diskussionen darüber nicht beendet. Dort heißt es: »Unmittelbar der Witterung ausgesetzte, horizontale und leicht geneigte Sichtmauerwerksflächen, wie z. B. Mauerkronen, Schornsteinköpfe, Brüstungen, sind durch geeignete Maßnahmen (z. B. Abdeckung) so auszubilden, daß Wasser nicht eindringen kann.« In Rollschichten aber dringt Wasser ein. Ich meine, daß ihre Ausführung in stark wasserbeanspruchten Situationen wie bei freistehenden Mauerkronen, Attiken und Fensterbänken unter großen bewitterten Glasflächen grundsätzlich als Planungsmangel zu bewerten ist. In einem ähnlichen Fall hatte sich der Architekt gegen diese Beurteilung gewehrt und dabei auf die Beratungsblätter der Ziegelbauberatung Bezug genommen. Dort heißt es lapidar: »Der Schutz der Mauerkrone vor Witterungseinflüssen erfordert spezielle Vorkehrungen, die nicht nur konstruktive, sondern auch formale Bedeutung haben. Hierfür sind liegende Rollschichten mit seitlichem Gefälle aus Klinkern geeignet; die darunterliegende Fuge ist mit geeignetem Fugenkitt zu dichten... Bei bündig angeordneten Abdeckungen wird die Durchfeuchtungs- und Verschmutzungsgefahr größer, ein beidseitiger Überstand mit Wassernase verhindert dies.«

1985 berichtet das Ziegelzentrum Nord-West in der Reihe »Bemerkenswerte Ziegelbauten« über die Hamburger Hochwasserschutzmauern am Fischmarkt, die breite horizontale Rollschichten aufweisen. Wie Bild 12 zeigt, sind auch die typischen Rollschichtprobleme »bemerkenswert«. Der Architekt erhielt folgende, beipflichtende Antwort der Ziegelbauberatung: »In jedem von uns zur Kenntnis genommenen Einzelfall von Schäden an gemauerten Brüstungsabdeckungen ließ sich der Nachweis führen, daß die Ursachen der Schäden eindeutig auf Fehler bei der Verarbeitung zurückzuführen sind. Die Empfehlungen der Ziegelindustrie weisen überall auf die Bedeutung der wasserdichten

Es trifft sicherlich zu, daß häufig Verfugungsfehler gemacht werden, da beim Verfugen im Akkord auf einen schnellen, optisch befriedigenden Fugenverschluß, nicht aber auf eine

10

10 Beispiel einer historischen Ziegel-Fensterbankabdeckung mit sehr starkem Gefälle und deutlichem Tropfkanten-Überstand

dichte Fuge geachtet wird. So wird der Fugenmörtel sehr häufig zu trocken und mit viel zu geringem Feinkornanteil des Zuschlags eingebaut, der bei 15-25 M-% liegen sollte. Vor allem werden die Stoßfugen nachlässig eingebügelt.

Trotzdem ist es wenig verantwortungsbewußt, dem Verarbeiter allein die Schuld zuzuweisen, denn es gibt keine gedruckten Informationen darüber, wie Fugen von Rollschichten »wasserdicht« herzustellen sind. Ernstgemeinte Vorschläge, den Fugenmörtel aus Werktrockenmörtel mit Dichtmittelzusatz mittels Injektionsspritze wie einen Fugenkitt einzubringen, machen klar, daß es praktisch unmöglich ist, einen dauerhaft dichten Fugenverschluß zu erzielen. Es ist Pflicht des Architek-

11

12

11, 12 Auch die Rollschichten dieser als »bemerkenswerter Ziegelbau« veröffentlichten Hochwasserschutzmauern zeigen an vielen Stellen die typischen Schadensbilder

ten, Konstruktionen zu meiden, die vom Handwerker nur in »Uhrmacherarbeit« herstellbar sind. Treten solche Fälle auf, muß auch der Handwerker gegen derartige Ausführungsformen Bedenken anmelden.
Der Wunsch nach klaren, kantigen Grundformen wie Scheiben, Quadern, Zylindern und Prismen ist entsprechend den Architekturströmungen dieses Jahrhunderts zwar formal verständlich, widerspricht aber meist den Gesetzmäßigkeiten eines sicheren Feuchtigkeitsschutzes und einer verschmutzungsarmen Wasserableitung. Diese Gesetzmäßigkeiten fordern in der Regel Abdeckungen mit Gefälle, Überständen und Tropfkanten. Wie der dargestellte Schadensfall zeigt, ist die Abweichung von derartigen Regeln auf die Dauer auch formal nicht befriedigend.

Es ist bedauerlich, daß eine auf die Qualitätssicherung des Endprodukts – des fertigen Mauerwerkbaus – abzielende Beratungsinstitution nicht deutlich genug von risikoreichen, nur unter günstigen Rahmenbedingungen halbwegs funktionsfähigen Bauweisen abrät. Hier liegt, wie ich meine, eine typische Situation vor, in der das Einsatzgebiet eines Bauverfahrens über seine sicheren Leistungsgrenzen hinaus ausgeweitet wird. Das Risiko und die Verantwortung trägt – wie man sieht – der Bauunternehmer, aber natürlich auch der Architekt. Sehen die Verfasser dieser Produktinformationen nicht, daß mit wenigen risikobehafteten, vom Absatzinteresse der Mitgliedsfirmen bestimmten Aussagen der Wert eines sehr umfangreichen, in vielen Teilen ausgezeichneten Beratungskompendiums entscheidend gemindert wird? Denn welcher Anwender besitzt die Muße und den Überblick, im alltäglichen Gebrauch zwischen zuverlässigen und unzuverlässigen Informationen zu unterscheiden?

Rollschichten als Abdeckung von Mauerkronen- und Brüstungen sind für Ausführende und Planer risikoreich. Sie sollten insbesondere bei stärkerer Witterungsbeanspruchung gemieden werden. Wenn schon Blechabdeckungen aus formalen Gründen nicht sein dürfen, sollte auf Beton- oder Naturwerksteinabdeckungen oder Fertigteile zurückgegriffen werden.

Keine Institution, schon gar nicht eine von Herstellern finanzierte Großinstitution, kann dem Planer die Entscheidung über die Anwendungsgrenzen eines Bauverfahrens abnehmen. Es ist zu befürchten, daß bei Computer-Produktinformationen der Werbecharakter nur verschleiert wird. Nur die kontinuierliche, durch Schadensfälle belegte offene Kritik kann Mißstände bei Produktinformationen – wie überzogene Leistungsversprechungen der Hersteller – beseitigen helfen.

Literaturhinweise

Die Aussagen der Mauerwerksnorm DIN 1053, Teil 1, Berechnung und Ausführung 1996-11, habe ich im Text zitiert.

Über die Bewertung von Rollschichten schreibt E. Schild detailliert in »Aachener Bausachverständigentage 1989«, Bauverlag.

Ausführliches zur Gründung der BauDatenbank ist DAB Heft 7, 1989, Seite 1079ff. zu entnehmen. Man sollte dazu die aufschlußreiche Stellungnahme von Lehmbrock (Probau) in DAB Heft 9/89, Seite 1271 ff. lesen!

Hundertwassers »Verschimmelungs-Manifest gegen den Rationalismus in der Architektur« (1958) ist im Band I der Bauwelt Fundamente abgedruckt.

Fertigteilbau/Vorhangfassaden

Die Fassaden des Fertigteilwohnungsbaus in den neuen Bundesländern

Auf allgemeine Ablehnung würde die Forderung stoßen, kurzfristig die Treppenhäuser aller deutschen Mehrfamilienhäuser aus der Gründerzeit durch den Austausch der Holztreppen und der Wohnungstüren den heutigen Brandschutzanforderungen anzupassen oder im Rahmen eines aufwendigen Untersuchungsprogramms sämtliche unter Stuck versteckten Stahlunterkonstruktionen der Balkone des gleichen Baubestandes wegen des möglichen Standsicherheitsrisikos auf den Korrosionsfortschritt zu überprüfen. Man akzeptiert vielmehr, daß dieser große Gebäudebestand unter anderen geschichtlichen Bedingungen errichtet wurde und daß damit u. a. auch andere Sicherheitsstandards in Kauf genommen werden müssen.

Ganz anders war in den ersten Jahren nach der Vereinigung die Haltung gegenüber den – doch auch in anderem historischem Rahmen entstandenen – Fertigteilwohnbauten der neuen Bundesländer. Eine vernünftige Diskussion über eine sinnvolle Weiterentwicklung dieses Bestands wurde u. a. von Prüfungsinstitutionen und Ingenieuren behindert, die die zeitlich und räumlich begrenzte Bedeutung der westdeutschen Standards nicht sahen.

Da wurden in Gutachten und Aufsätzen die zu untersuchenden, zu verdübelnden und mit Dämmstoffen zu verkleidenden Flächen nur noch in Millionen Quadratmetern gemessen, und die dazugehörige Baustoffindustrie rieb sich schon die Hände. Das Ergebnis sind Prognosen mit nicht mehr finanzierbaren Instandsetzungskosten, und in der Öffentlichkeit besteht zumindest im Westen auch heute noch weitverbreitet

1

1 **Typische Ansicht der Blockbauweisen (Henningsdorf)**

der Eindruck, daß bei diesen »*kalten, kaputten Kästen... wohl nicht mehr viel zu retten ist*« (Süddeutsche Zeitung, 24. 3. 1993).

Langjährige Erfahrungen mit den Mängeln westdeutscher Gebäude und mehrjährige systematische Beschäftigung mit den Fertigteilbauten in allen Bezirken der ehemaligen DDR haben mich zu der Überzeugung gebracht, daß derartige grobschlächtige Betrachtungsweisen völlig verfehlt sind. Der von 1958 bis 1990 errichtete, 2,172 Millionen Wohneinheiten umfassende Fertigteilwohnungsbau besteht nicht aus »der Platte« – zehn verschiedene Block-, Streifen- und Plattenbauweisen mit weiteren Untervarianten wurden auf sehr unterschiedlichem Qualitätsniveau realisiert; nicht die – in der westdeutschen Presse immer wieder abgebildeten – Hochhäuser in

2

3

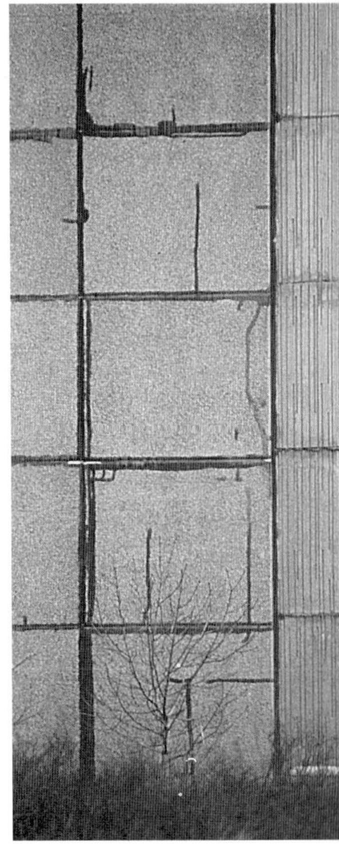

4

Großsiedlungen sind typisch, sondern fünf- bis sechsgeschossige Gebäude, die zu mehr als 50% in kleineren Baugebieten (unter 2500 WE) stehen und die zu 30% als verputzte Blockbauten auch optisch dem westlichen Sozialen Wohnungsbau der fünfziger und sechziger Jahre zum Verwechseln ähneln.

Für ebenso verfehlt halte ich Klagen über den mangelhaften Wärmeschutz dieses Bestands, wenn nicht im gleichen Atemzug gesagt wird, daß bis in die siebziger Jahre in weiten Teilen Westdeutschlands Wohngebäude mit dem deutlich schlechteren Wärmeschutz von nur 0,39 m^2 K/W (24 cm Kalksandsteinwand, beidseitig verputzt) gebaut worden sind. Wo bleibt der groß aufgemachte Bericht über die Milliardenbeträge zur Sanierung dieses westdeutschen Bestands?

Besonders ärgerlich an diesen Horrorberichten ist, daß das Selbstwertgefühl von 5 bis 6 Millionen Bewohnern verletzt wird; von Mitbürgern, die zu DDR-Zeiten mit Freude ihre Neubauwohnung bezogen haben und die sich – wie viele Gespräche zeigen – auch noch einige Jahre nach der Vereinigung mit ihrem Zuhause identifizieren. Mit welchem Recht wird das Leben auf 54 bis 62 m^2 Wohnfläche als unmöglich kritisiert, wenn doch aus weltweiter Sicht eher die westdeutsche Wohnflächenvergeudung anzuprangern ist?

Solche grundsätzlichen Betrachtungen müssen einer Darstellung über die selbstverständlich vorhandenen typischen Schwachstellen der Fassaden des Fertigteilwohnbaus in den neuen Bundesländern vorangestellt werden, um deren Bedeutung richtig einzuordnen.

Die Null- und Kleinserien der Hochbauten der alten Bundesrepublik haben den Nachteil, daß mit jeder neuen Konstruktion erneut Schadenserfahrungen gesammelt werden müssen.

Sie haben aber auch den Vorteil, daß Konstruktionsweisen, die sich nach längerer Standzeit als Fehlplanungen erwiesen, nicht mit der Größe der gebauten Serien tausendfach vervielfältigte Sanierungsaufgaben stellen. Dies ist ein grundsätzliches Problem der Fertigteilbauweisen.

Von Anfang an (1958) sind die *Balkone, Loggien und Hauseingangsvorbauten* aller Fertigteilbauweisen als nicht weiter geschützte, schlecht entwässerte Sichtbetonteile konzipiert und ausgeführt worden. Betonschäden durch Bewehrungskorrosionen und Abplatzungen, deren große Zahl schon im Westen ein Heer von Ingenieuren und Unternehmen beschäftigt, sind daher fast beim gesamten Fertigteilbau vorhanden und teilweise dringend zu sanieren. Unglücklicherweise binden die Balkon- oder Loggiaplatten meist ohne deutliche Aufkantung in die Außenwände ein, so daß bis in die Wohnräume reichende Undichtigkeiten folgen.

Die Haftprobleme keramischer *Außenbekleidungen* – im Westen in den sechziger Jahren leidvoll durchexerziert und vor 25 Jahren durch Probst mit großen Bildern und Worten angeprangert – stehen nun – in großer Serie realisiert – erneut zur Sanierung an.

2 Betonabplatzungen und Bewehrungskorrosion an Balkonen (Blockbauweise)

3 Risse und Abplatzungen an keramischen Fassadenbekleidungen mit Sanierungsversuchen (Plattenbauweise QP)

4 Typisches Rißbild in der Wetterschutzschale der Außenwandplatten der Plattenbauweise WBS 70

Die zeitweise große Aufregung über die Standsicherheit der *Wetterschutzschalen* ist inzwischen einer nüchternen Betrachtung gewichen.

Die Wetterschutzschalen der dreischichtigen Großtafelelemente sind über Ankereisen durch die dazwischenliegende Wärmedämmung mit der Tragschale verbunden. Während im Hinblick auf die Traganker selbst – die zu 90 bis 95% aus Edelstahl hergestellt wurden – keine Standsicherheitsbedenken bestehen, hat die mögliche Korrosion der an die Anker anbindenden Bewehrungseisen zu Diskussionen über die Standsicherheit geführt.

Abstürze sind aber bisher nicht festgestellt worden. Auch zerstörende Untersuchungen haben an keiner Stelle einen dringenden Handlungsbedarf ergeben. Es besteht nach dem derzeitigen Kenntnisstand keine Veranlassung, grundsätzlich und pauschal – zum Beispiel für alle Dreischichtenplatten – eine Nachverankerung einzukalkulieren oder auch nur grundsätzlich deren Untersuchung zu fordern. Selbstverständlich ist eine solche Untersuchung notwendig, wenn die Wetterschutzschalen neu belastet werden sollen.

Die vielfach anzutreffenden Undichtigkeiten der Fertigteilfassadenfugen bestätigen bei den mit Dichtstoffen geschlossenen Fugen zunächst die bekannte geringere Funktionssicherheit einstufiger Abdichtungssysteme. Die qualitativ meist schlechten Dichtstoffe verspröden, reißen von den Fugenflanken ab und müssen dann mit großem handwerklichen Aufwand nachgebessert werden.

Den überzeugenden Verfechter zweistufiger Fugenabdichtungen muß aber erschrecken, daß auch dieser – im DDR-Fertigteilbau sehr häufig verbreitete – Fugenkonstruktionstyp sehr oft versagt. Sollte hier – zur Freude der Dichtstofflobby – die Praxis die Theorie widerlegen? Eine genauere Betrachtung von Schadensfällen zeigt aber, daß die Versagensursachen in anderer Hinsicht systembedingt sind. Es sind die geradezu unglaublich großen Herstellungs- und Montagetoleranzen der ostdeutschen Plattenbauten, die im Fugenbereich bei nebeneinanderliegenden Platten Abweichungen von mehreren Zentimetern quer und senkrecht zur Plattenebene ergeben und daher den planungsmäßigen Einbau des Wetterschutzstreifens in den Fugennuten unmöglich machen. Viele west-

5

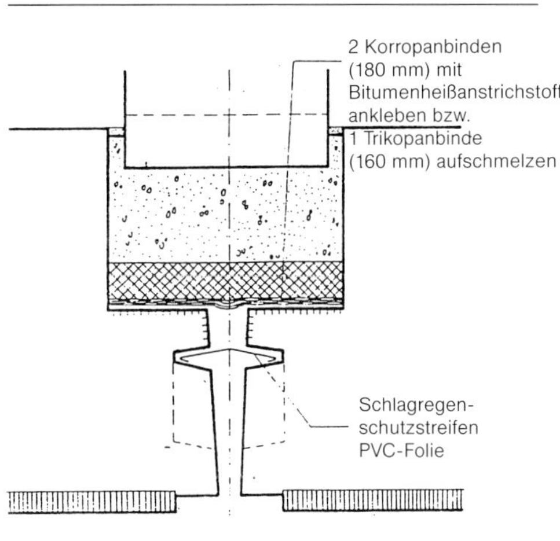

6

7

5 Mit Dichtstoffen abgedichtete Elementfugen – Versprödungserscheinungen
6 Typischer Querschnitt einer 2stufigen abgedichteten »offenen« Elementfuge (Plattenbauweise QP)
7 Offene Elementfuge mit erheblichen Toleranzen, teilweise zur Nachbesserung mit Fugenband überklebt

deutsche und skandinavische Projekte zeigen, daß bei geringen Fertigungs- und Montagetoleranzen zweistufig abgedichtete Fertigteilfugensysteme über Jahrzehnte wartungsfrei funktionieren.

Die *Holzfenster* der Bauweisen kranken an der Vielzahl kleindimensionierter, außenliegender Verleistungen (so wurde zur Einsparung von Metallen bei einem großen Teil der Fenster auch die Wetterschutzschiene als Holzleiste ausgebildet!) und an den mangelhaften, nicht materialgerechten Holzverbindungen – ganz zu schweigen von den zeitweise angewendeten »plastummantelten« Holzkonstruktionen, die an den auf Dauer unvermeidlichen Fehlstellen der Ummantelung hinterwandert werden und dann – lange Zeit unkontrollierbar – durch Pilzbefall zerstört werden.

Der notwendige Ersatz vieler Fenster läßt ein breites Spektrum zukünftiger Schadensprobleme befürchten, wenn bei der Sanierung nicht fachkundig und umsichtig vorgegangen wird.

Trotz deutlicher Wärmebrücken besonders an den Fertigteilplattenrändern und an Fenstergewänden sind nämlich bei noch nicht sanierten Objekten Schimmelpilzprobleme verhältnismäßig selten, da hohe Fugendurchlässigkeiten und schlecht regulierbare Heizungsanlagen ungünstig hohe Luftfeuchtigkeiten oder gar Tauwasser an den potentiellen Schadstellen verhindern.

Der Einbau dichter Fenster und die Umstellung auf Heiz- und Regelungssysteme, die die verbrauchsabhängige Heizkostenabrechnung ermöglichen, haben den ostdeutschen Wohnungsbaugenossenschaften und -gesellschaften inzwischen die gleichen Schimmelpilzstreitfälle beschert, unter denen die westdeutschen Wohnungsbaukollegen und Bewohner seit zwei Jahrzehnten leiden, wenn nicht gleichzeitig die geregelte Belüftung sichergestellt wird und nach sorgfältiger Prüfung zuvor die eventuell vorhandenen Wärmebrücken beseitigt werden (s. Beitrag 3.3). Der großen Zahl kleiner Wohnungsgesellschaften und -genossenschaften fehlt es häufig an Personal, Zeit und Sachverstand, trotz äußerst knapper Mittel die erforderlichen komplexen Problemlösungen einzuleiten. Von den überall präsenten »Firmenfachberatern« mit ihren bunten Broschüren ist leider meistens eine differenzierte, die eigenen Absatzinteressen hintanstellende Beratung nicht zu erwarten.

8

8 Verrottungen an den Leisten und Gehrungen der Holzfenster, die Betongewände einiger Blockbauarten sind deutliche Wärmebrücken

9, 10 Gewände Blockbau 11 kN (Abb.9) und Sockelanschluß WBS 70 (Abb. 10) weisen Wärmebrücken auf, die bei ungünstigem Innenklima zu Schimmelpilzproblemen führen werden

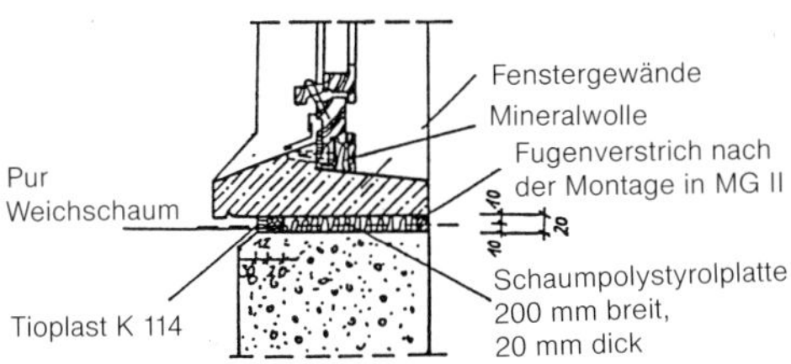

9

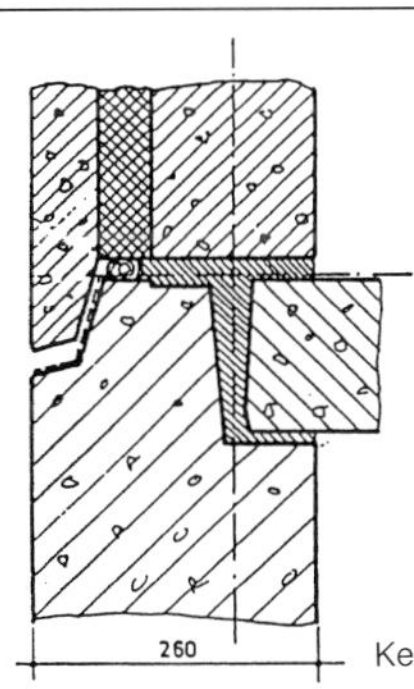

10

Eine sehr große Schar hochqualifizierter, baustoffproduzentenunabhängiger, beratender und planender Ingenieure und Architekten ist auch nach den bis 1997 bereits gemachten, erheblichen Anstrengungen weiterhin gefragt, um mit Augenmaß und Sorgfalt sowie mit Blick auf die Finanzierbarkeit durch bezahlbare Mieten diesen Baubestand zu modernisieren.

Literaturhinweise

Das Bundesministerium für Raumordnung, Bauwesen und Städtebau, Deichmanns Aue, 53179 Bonn-Bad Godesberg bzw. Geschäftsbereich Berlin, Scharrenstraße 2-3, 10178 Berlin, hat eine größere Zahl gut nutzbarer Arbeiten zum Thema der Fertigteilbauweise initiiert. Einen Gesamtüberblick über den Themenkomplex gibt der Bericht »Vitalisierung von Großsiedlungen«, 6/1991 sowie der »Dritte Bericht über Schäden an Gebäuden«, 1996.

Das Aachener Institut für Bauschadensforschung (AIBau) hat in Zusammenarbeit mit Partnern aus den neuen Bundesländern einen Katalog der Konstruktionsweisen erarbeitet und die Ergebnisse der im gleichen Rahmen durchgeführten Bauschadensuntersuchungen unter dem Titel: Oswald, u. a.: Wohnbauten in Fertigteilbauweise in den neuen Bundesländern, IRB Verlag, Stuttgart 1995, veröffentlicht.

Wer sich speziell für die Detailfragen der Beurteilung und Sanierung einzelner Bautypen interessiert, erhält »Leitfäden für die Instandsetzung und Modernisierung von Wohngebäuden in der Plattenbauweise« über das IEMB in Berlin.

Extreme Beanspruchungen, Dichtstoffugen

Bauteile sollen bei sachgemäßer Nutzung und Wartung während ihrer üblichen Standzeit schadensfrei bleiben – nichts anderes bedeutet die Forderung nach »Praxisbewährung«.

Es ist daher selbstverständlich, daß die praktische Bewährung vor der wissenschaftlichen Richtigkeit und erst recht vor dem Bekanntheitsgrad als wichtigstes Beurteilungskriterium dienen muß, wenn darüber gestritten wird, ob ein Bauverfahren den »allgemein anerkannten Regeln der Bautechnik« entspricht und damit mangelhaft ist.

Wissenschaftliche Versuche und Berechnungen können zwangsläufig die Praxis nur unvollkommen simulieren – wissenschaftliches Arbeiten setzt definierte und meist auch stark vereinfachte Randbedingungen voraus – damit wird aber gerade von dem abstrahiert, was die Bauwirklichkeit ausmacht: Die Praxis ist nämlich durch eine kaum vorhersehbare Überlagerung von Problemen und Beanspruchungen gekennzeichnet; diese können zum Beispiel durch handwerkliche Erfordernisse des Bauablaufs entstehen; Zeitverzögerungen bei Lieferschwierigkeiten und Pleiten; extreme Witterungsbedingungen während der Montage; Änderungen des Planungskonzeptes während der Bauzeit und vieles mehr, was beim Bauen durch das Zusammentreffen vieler unterschiedlicher Menschen und Interessen unter launischem Himmel kaum vermeidbar ist.

Gerade im Baubereich ist daher die praktische Bewährung und Erfahrung äußerst wichtig.

Die nur ungenau bekannten Rahmenbedingungen der Bauwirklichkeit, unter denen Praxiserfahrungen gesammelt werden, setzen dem Wert dieser Erfahrungen zugleich Grenzen: Wer kennt nicht den alten Bauhasen, der jedes unbequeme technische Gegenargument unter Berufung auf unüberprüfbare »langjährige Erfahrungen« vom Tisch wischen möchte, die Sachdiskussion in eine Diskussion über die Berufsehre und -ehrlichkeit verwandelt und damit erreicht, daß die Beweiskraft von Praxiserfahrungen generell in Frage gestellt wird?

Noch schwerwiegender ist es, wenn in der Grundhaltung des »schon immer so gemacht – noch nie was passiert« über-

1 Teilansicht der Fassade der Kanzel des Flughafentowers
2 Brüstungsschnitt der ursprünglichen Fassade
3 Laufspuren auf der Innenseite der Fensterbänke
4 Laufspuren auf dem Turmschaft am Anschluß der Fassadenplatten
5 Tauwasser und Rost am Fenstergrundprofil oberhalb der Innendämmung
6 Undichte Dichtstofffuge an den Eckanschlüssen der Fertigteilfassadenplatten

1

sehen wird, daß Konstruktionsweisen, die bei mäßiger Beanspruchung unter günstigen Rahmenbedingungen vielfach funktionieren, unter extremeren Bedingungen völlig versagen können. Dazu das folgende Schadensbeispiel.

Die Technik- und Lotsenräume eines Flughafentowers wurden auf allseitig auskragenden Plattformen eines rund 50 m hohen Stahlbetonturmschaftes angeordnet. In Anlehnung an die Fassadenkonstruktion des restlichen Flughafengebäudes bestanden die geneigten Außenwandflächen aus Sichtbetonfertigteilen mit innenseitiger Polystyrolpartikelschaum-Dämmung und aus Festverglasungen in Aluminiumrahmen. Innenseitig grenzten abgehängte Decken, aufgeständerte Installationsböden und blechverkleidete Klimakanäle an die gedämmten Betonbauteile (siehe Bild 2).

Diese Fassadenflächen waren allseitig extremen Beanspruchungen ausgesetzt: Außenseitig höchste Schlagregenbeanspruchung; innenseitig aufgrund der notwendigen

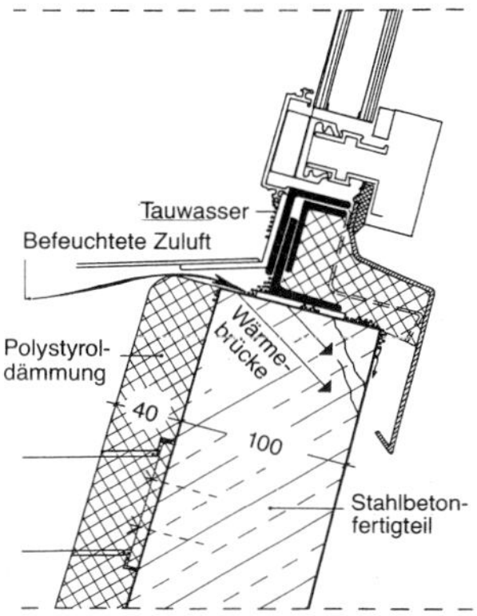
Tauwasser
Befeuchtete Zuluft
Polystyrol-
dämmung
Wärme-
brücke
40
100
Stahlbeton-
fertigteil

2

3

4

5

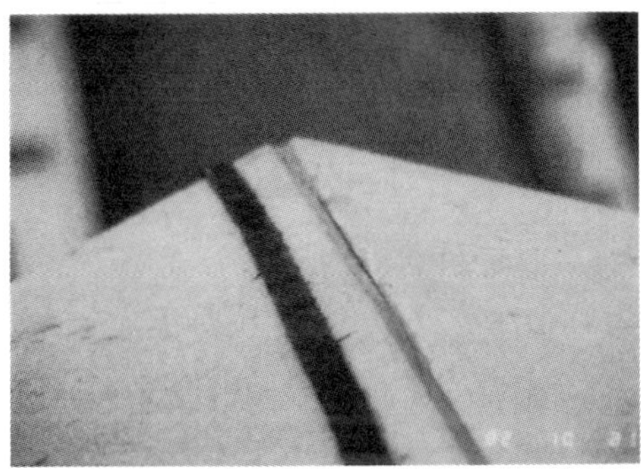

6

Klimatisierung hoher Luftfeuchtigkeit (23°C, 60% relativer Luftfeuchtigkeit) und einem Luftüberdruck im Bereich der Ausblasöffnungen unter den Fenstern.

Nach etwa achtjähriger Standzeit waren an den Fassaden sehr erhebliche Schäden zu beobachten:

– Am Turmschaft unter der Kanzel und unter den Fenstern zeigten sich umfangreiche weißliche Laufspuren (Bilder 4, 5);
– die Stahlaufhängungen der Fassadenplatten rosteten an den Durchstoßpunkten der Innendämmungen;
– die Stahlgrundprofile der Fenster korrodierten so stark, daß der Deckbeton an den Ankerplatten abgedrückt wurde;
– die Dichtmassen in den Fugen der in den Kanzelecken stumpfwinklig zusammenstoßenden Betonfertigteile waren aufgerissen und nicht mehr schlagregendicht (Bild 6).

Die Schäden drohten nicht nur die hochwertige Elektronik und damit den Kontrollbetrieb lahmzulegen, auch die Standsicherheit einzelner Fassadenteile war auf Dauer nicht mehr gewährleistet.

Innendämmung ohne Dampfsperre bei diesem Innenklima? – Tauwasser! Das wird wohl die erste Reaktion fast jedes Fachmanns auf die Frage nach den Schadensursachen sein.

Diese Diagnose ist aber falsch, wenn damit eine schädliche Tauwasserbildung an der Grenzfläche zwischen Polystyrolpartikelschaum-Dämmung und Stahlbetonfertigteil gemeint ist. Auch nach dem genaueren Monatsmittelwertverfahren errechnet sich zwar eine jährliche, austrockenbare Tauwassermenge, die deutlich über dem zulässigen Ein-Liter-Wert liegt; Untersuchungen am Objekt gaben aber keinerlei Anhaltspunkte, daß dieses Kernkondensat schädigend wirkte.

Wie bereits im Abschnitt auf Seite 64f näher begründet, entstehen die wesentlichen Probleme der Innendämmung an ihren Rändern und Unterbrechungen. Dort grenzen Oberflächen mit sehr tiefen Temperaturen unmittelbar an die Innenraumluft. Tauwasser und Korrosion von Stahlteilen sind die Folgen. Solche Wärmebrücken waren hier in großem Umfang an den Fenstergrundprofilen und Konsolaufhängungen vorhanden, und die Dämmung dieser Bereiche war weder baukonstruktiv berücksichtigt noch handwerklich ausgeführt worden.

Noch wesentlicher ist in klimatisierten Gebäuden mit Luftüberdruck der Wasserdampftransport durch Luftströmung in

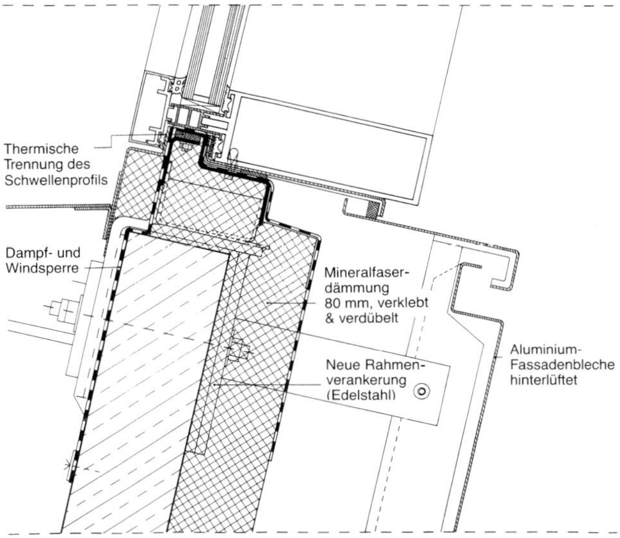

7

8

7 Brüstungsschnitt der sanierten Fassade
8 Sanierung; Abklebung der Fertigteilfugen, Verankerung der Fertigteile und hinterlüftete Blechfassade

Spalten und Fehlstellen. Auf diesem Weg werden tausendfach größere Wasserdampfmengen bewegt als durch Diffusion. An kalten, äußeren Flächen kondensiert Wasser aus der befeuchteten, ausströmenden Luft. Austropfendes Wasser, Eiszapfen und die beschriebenen Kalkhydratauslaugungen der Betonoberflächen sind die Folgen. Auf die Luftdichtheit der Fenster- und Fertigteilanschlüsse war hier nicht geachtet worden, da dies bei weniger extremen Randbedingungen meist ohne sichtbare Schadensfolgen bleibt.

Schließlich waren die Dichtstoffugen vor allem in den Kanzelecken so schmal und dünn, daß sie bereits nach der relativ kurzen Standzeit gerissen und undicht waren. Eine ernstzunehmende Dimensionierung der Dichtstoffugenabmessungen, so wie dies die DIN 18 540 fordert, hatte offensichtlich gar nicht stattgefunden; die Montagefugen zwischen den Fertigteilen waren vielmehr irgendwie mit Dichtstoffen geschlossen worden. Auch dies ist schlechte, gängige Praxis, die angesichts der extremen Witterungsbedingungen und der sehr schlechten Zugänglichkeit der Fugen als grober Fehler angesehen werden muß. Da auch die Verankerungen der Stahlbetonfertigteile Korrosions- und Überdeckungsprobleme hatten, war eine völlige Neukonzeption der Fassade unumgänglich. Dabei wurden die extremen Beanspruchungen bis ins Detail berücksichtigt (Bild 8).

- Der Schlagregenschutz wurde durch eine hinterlüftete Aluminiumbekleidung erzielt; um als hintere, gegebenenfalls wasserführende Ebene dienen zu können, wurden auch die Fugen der alten Stahlbetonfertigteile mit Kunstkautschuk-Dichtbandstreifen überklebt und damit zugleich wind- und luftdicht verschlossen (Bild 7).

– Durch eine Außendämmung aus hydrophobierten Mineralfaserplatten und thermischer Trennung sowohl der Schwellenprofile als auch der Fensterrahmen wurde die Tauwasserproblematik berücksichtigt. Im Gegensatz zu Fehlstellen in Innendämmungen sind die Durchstoßpunkte der Fassadenaufhängungen durch die Außendämmung als Wärmebrücke unproblematisch, da der verstärkte Wärmestrom durch Querleitung im Beton so breit verteilt wird, daß nur eine unschädliche Temperaturabsenkung an der Innenoberfläche meßbar ist.

– Besonderer Wert wurde auf die vollständige luftdichte Abklebung der Anschlüsse gelegt; die handwerklich schwierige Abdichtung der Konsoldurchstoßpunkte wurde z. B. vereinfacht, indem Dichtbahnlappen vor der Verschraubung der Ankerplatten eingelegt und angeflanscht wurden (Bild 10).

Die umfangreiche Sanierung wurde durch mehrere Mängel verursacht, die allesamt bei »Normalsituationen« nicht zu sichtbaren Schäden geführt hätten oder zumindest einfach behebbar gewesen wären. Planer und Ausführende haben also (nach Ablauf ihrer Gewährleistungszeiten) dem Bauherrn letztlich nur deshalb sehr erhebliche Sanierungskosten verursacht, weil sie das Gebäude im üblichen Bautrott konstruiert und realisiert haben und sich der ungewöhnlichen Beanspruchungssituation nicht bewußt waren.

Es ist also ratsam, der eigenen, an durchschnittlichen Objekten gesammelten Praxiserfahrung dann zu mißtrauen, wenn es an die Lösung ungewöhnlicher Aufgaben geht. Die Schwierigkeit besteht wohl darin, frühzeitig die Besonderheit der Problemstellung zu erkennen. Zur Schärfung dieses Problembewußtseins soll dieser Schadensbericht beitragen.

9

10

9 Fertige Außendämmung vor Montage der Bleche
10 Wind- und Luftdichtungsbahn innenseitig vor Montage der Verankerungen eingebaut

An der dargestellten Sanierung waren beteiligt:
Planung und Ausführung: R + M Dämmtechnik
Alufassade: K. Lindhorst
Bauphysikalische Begutachtung und Sanierungsberatung: Arge Schild-Oswald-Rogier

Sollte man angesichts der Vielzahl der in der Praxis bei mäßiger Beanspruchung und etwas Glück nicht zu Schäden führenden, sozusagen »bewährten« Baupfuschereien den Begriff der »allgemein anerkannten Regeln der Bautechnik« als Maßstab für mangelfreies Bauen aufgeben, da dieser durch die wissenschaftliche Richtigkeit, den Bekanntheitsgrad und vor allem aber durch die Praxisbewährung definiert wird? Wäre es statt dessen besser, den Begriff der »bautechnischen Notwendigkeiten« anzuwenden, wie dies R. Probst propagiert?

Verneint man die Existenz einer unfehlbaren Instanz mit höherer Einsicht, so kann auch dieser Begriff im Einzelfall nur durch die wissenschaftliche, theoretische Richtigkeit und – wegen der dargestellten Unzulänglichkeiten jeder Theorie – durch die praktische Bewährung eines Bauverfahrens definiert werden. Hier wird also nur das Etikett gewechselt, das Problem bleibt gleich. Ich sehe keine vernünftige Alternative zum notwendigen Beurteilungskriterium der »allgemein anerkannten Regeln der Bautechnik«. Wer die in einigen strittigen Punkten fast endlose Diskussion umgehen will, wähle nach sorgfältiger Prüfung genormte Bauverfahren oder vereinbare abweichende Bauweisen ausdrücklich und explizit mit dem Bauherrn.

Literaturhinweise

DIN 4108 – Wärmeschutz im Hochbau (1981-8), Teil 3, Klimabedingter Feuchtigkeitsschutz; Teil 5, Berechnungsverfahren.

DIN 18 540 – Abdichten von Außenwandfugen im Hochbau mit Fugendichtstoffen (1988-2)

Zum Begriff der »allgemein anerkannten Regeln der Bautechnik« siehe:
W. Döbereiner: Die Haftung des Sachverständigen im Zusammenhang mit den anerkannten Regeln der Technik, in: Aachener Bausachverständigentage 1982, Wiesbaden 1982 und Schild, E., 1990

Kostenzwänge – Beispiel Vorhangfassade

»Die Finanzierbarkeit setzt immer die Schranken für die Realisierung eines Gebäudes.«

Diese Feststellung aus einem Buch über kostensparendes Bauen ist sicher richtig. Es ist aber bedenklich, wenn unter diesem Motto bei jeder Detaillösung rigoros der Rotstift angesetzt wird. Geht es doch bei den Einzelentscheidungen innerhalb eines Gesamtprojekts eher darum, die Schwerpunkte für notwendige Einsparungen richtig zu setzen. Diese können bei engem Kostenrahmen sowohl nachrüstbare Teile wie auch aufwendige Innenausstattungen betreffen. Auch die Verminderung der Erstinvestitionskosten durch Auswahl von Bauweisen mit erhöhten Instandhaltungskosten ist grundsätzlich ebenfalls ein akzeptabler Einsparungsansatz, solange nicht durch die minimierte Bauweise Bauschäden und erhebliche Nutzungsbeeinträchtigungen hervorgerufen werden.

Wenn z. B. in dem bereits zitierten Buch zur Kosteneinsparung das völlige Weglassen von Dachüberständen vorgeschlagen wird oder im ausgebauten Dach winddichtende Folien bei verspachtelten Gipskartonplattenverkleidungen für überflüssig gehalten werden, so ist erkennbar, welche Gratwanderung häufig aus Kostengründen eingeschlagen wird. Den Architekten und Ingenieuren werden meist solche Einsparungskunststücke nicht honoriert; bei Fehlschlägen ist der Sturz jedoch häufig tief. Dazu das folgende Beispiel:

Die etwa 10 000 m^2 große Vorhangfassade eines Hochhauses war – wie häufig üblich – unabhängig von den zurückversetzten tragenden Stahlbetonstützen an den rundum auskragenden Kopfseiten der Stahlbetondeckenplatten verankert. Die Isolierglaseinheiten der Festverglasungen und die Sandwichpaneele der Brüstungen wurden durch eine außenliegende Aluminiumvorschraubleiste unmittelbar gegen die rechteckigen Stahlhohlpfosten und gekanteten Stahlblechriegel der Unterkonstruktion angepreßt. Die vorgehängten Aluminiumbrüstungsbleche waren hinterwässert, hatten also nur optische Funktionen (siehe Detailzeichnung Bild 2).

Die Abdichtung der Scheiben und Sandwichpaneele erfolgte innenseitig durch gezahnte Dichtstreifen, außenseitig durch schmale Kunstkautschuk-Dichtlippen (EPDM), die in

1 Teilansicht der Fassade
2 Detail 1: ausgeführte Fassade, Vertikalschnitt durch den Brüstungsbereich

1

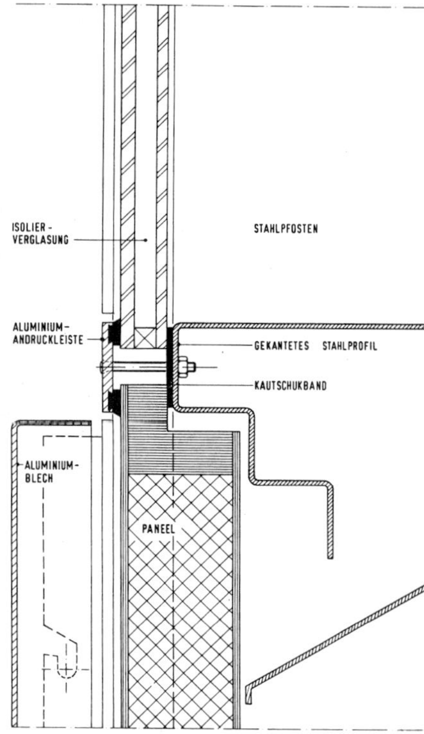

2

Nuten der mittig sichtbar verschraubten Anpreßleisten eingezogen wurden. Bei dieser Konstruktionsweise war eine Eckverbindung der Dichtprofile nur durch Überlappung und Verklebung möglich.

Bereits unmittelbar nach der Fertigstellung erwies sich die Fassade an den Hauptwetterseiten als nicht schlagregendicht; auf Fensterbänken und an Stürzen wurden immer wieder erhebliche Wassereinbrüche beobachtet. Die genaue Lokalisation der einzelnen Undichtigkeiten war dabei kaum möglich, da das Wasser über große Entfernungen in die Hohlräume der Fassade sickern konnte.

In einer ersten Nachbesserungsaktion wurden die äußeren Dichtlippen durch dickere Profile ausgetauscht und zur Verbesserung der Dichtigkeit der Kreuzungspunkte speziell ent-

3

4

wickelte Kunstkautschukformteile eingebaut. Diese Arbeiten brachten nicht den gewünschten Erfolg. Nun wurden zusätzlich die Kreuzungspunkte mit Butyldichtmassen verspachtelt und die Anpreßleisten vor allen Dingen an den Enden fester angeschraubt. Dadurch wurden zwar die Undichtigkeiten zeitweise vermindert, zugleich traten nun aber Brüche an den ungleichmäßig angepreßten Isolierglaseinheiten auf.

Die Fassadenbaufirma ist nicht mehr greifbar; der Bauherr behilft sich zur Zeit mit periodischen außenseitigen Abdichtungsmaßnahmen, bis die Millionenbeträge für die völlige Neukonzeption der Fassade zur Verfügung stehen.

Die Vergeblichkeit der beschriebenen begrenzten Sanierungsversuche läßt bereits erahnen, daß die Schlagregenundichtigkeiten nicht auf einer einzigen Ursache beruhen, sondern daß mehrere Faktoren überlagernd zum Versagen der Konstruktion führten:

– Stahlunterkonstruktionen weisen deutlich größere Maßtoleranzen als Aluminiumprofile auf. Es wurden hier Abweichungen von n 3 mm gemessen. Ebenso wich die Dicke der Paneele im Anschlußbereich um bis zu 3 mm von der Dicke der anschließenden Isolierglasscheiben ab. All diese Toleranzen müssen durch den Stauchungsspielraum der Dichtprofile so aufgenommen werden, daß einerseits die Konstruktion

3 Typischer Kreuzungspunkt, nachträglich abgespachtelt
4 Lücken an den nur überlappten Stößen der Dichtprofile

5 Geöffneter Kreuzungspunkt, mit Butylmasse verschmiert

5

dicht ist, andererseits aber kein Glasbruch aufgrund eines zu hohen Anpreßdrucks eintritt. Bei mittig liegenden Verschraubungen ist ein gleichmäßiger Anpreßdruck bei unterschiedlicher Dicke der beiden Flanken und wechselnden Maßtoleranzen praktisch kaum herstellbar. Sowohl die Dimensionierung und die Härte der Dichtprofile als auch die Befestigungsart der Anpreßprofile waren auf diese erheblichen Toleranzen nicht abgestimmt.

– Werden Dichtlippen in Vorschraubleistennuten eingezogen, so kann zwar die Menge des benötigten Kunstkautschuks im Vergleich zu in breiten Dichtungsbändern eingebetteten Anpreßleisten erheblich vermindert werden, die Ecken der Dichtprofile sind dann aber wegen des Montagevorgangs nicht untereinander vulkanisierbar, sondern können nur überlappt und verklebt werden. Aufgrund des Schrumpfverhaltens des Kunstkautschuks sind derartige Eckverbindungen (auch bei Längenzugabe) sehr unsicher. So klafften die Eckanschlüsse an vielen Stellen auf.

– Gerade in den schwierig zu dichtenden Kreuzungspunkten kragten im vorliegenden Fall die Enden der Vorschraubleisten frei aus. Das Anziehen der Endschrauben hatte daher das Verbiegen der Leisten zur Folge, was wiederum zum Glasbruch führte.

6

7

6 Verbiegung der zu fest angezogenen Schrauben der Leistenenden
7 Glasbruch als Folge des ungleichmäßigen Anpreßdrucks

– Unkontrolliert aufgespachtelte und eingespritzte Dichtstoffe werden sehr schnell überbeansprucht und können daher keine sichere Abdichtung ergeben. Derartige »Naßabdichtungen« sind nur bei definierten Fugenabmessungen und Haftflanken anwendbar – aber auch dann im Vergleich zu Kunstkautschukprofilen einer erheblich schnelleren Alterung ausgesetzt.

– Selbst unter wesentlich günstigeren konstruktiven Rahmenbedingungen ist die vollständige Dichtigkeit einer außenliegenden Abdichtungsebene nicht sicher erzielbar, da immer mit handwerklichen Ungenauigkeiten und Fehlern gerechnet werden muß. Es ist daher seit einigen Jahren zur Konstruktionsregel geworden, sich auf einstufige Dichtungen nicht völlig zu verlassen, sondern den Fugenraum hinter der Dichtebene so zu belüften und zu entwässern, daß durch kleinere Leckstellen eingedrungene Feuchtigkeit sicher nach außen abgeführt wird.

Am deutlichsten kommt diese Konstruktionsregel in den Einbaurichtlinien der besonders betroffenen Isolierglashersteller zum Ausdruck. Auch bei den mit Dichtstoffen und später häufig zur Sanierung mit Dichtbändern überklebten Fugen der Großtafelbauweise wird heute meist auf eine Entwässerung des Fugennetzes Wert gelegt.

Es ist angesichts der vielfältigen Schadensfälle völlig unverständlich, warum die technischen Richtlinien des Glaserhandwerks (und ebenso DIN 18 545, Teil 1) nur Dampfdruckausgleichsöffnungen fordern und wörtlich hinzufügen:

»Öffnungen zum Dampfdruckausgleich wurden bisher fälschlicherweise Entwässerungs- und Belüftungsöffnungen oder Glasfalzentwässerung genannt.« Warum torpedieren die Verfasser ein wesentlich funktionssicheres, die Bauwirklichkeit berücksichtigendes, zweistufiges Abdichtungskonzept? Die zur Wasserführung erforderlichen Nuten oder Kammern waren hier nicht vorhanden. Diese Konstruktion war nicht entwässer- und belüftbar. Letztlich ergeben sich die beschriebenen Schwierigkeiten aus der Entscheidung, die Verglasung unmittelbar auf der Stahlunterkonstruktion anzuordnen, d. h. keinen die Maßtoleranzen ausgleichenden und eine Entwässerung ermöglichenden Rahmen für die Verglasung zwischenzuschalten, und aus der Entscheidung, den Vorschraubleisten mehrere Funktionen gleichzeitig zuzuordnen: Sie sollen einen gleichmäßigen Anpreßdruck und damit die Dichtigkeit des Glasanschlusses erzeugen, die Paneele halten und abdichten, die vorgehängten Bleche tragen und einen dichten Fugenkreuzabschluß ergeben.

Zugleich sollen im Fugenbereich ohne besondere Dehnungsvorrichtungen die Längenänderungen der Fassade und die

8

9

8 Pfützen auf der Fensterbank bei Schlagregen
9 Kurzlebige Abhilfen zur Verminderung der Undichtigkeit an den Fassadenecken und -Kreuzungspunkten durch Dichtstoffe

Verformung der auskragenden Stahlbetonunterkonstruktion aufgenommen werden.

Die Konstruktion ist aufgrund der beschriebenen unvermeidlichen Toleranzen und der unvermeidlichen handwerklichen Ungenauigkeiten überfordert.

Architekt, Fassadenberater und Fachfirma hatten ursprünglich eine wesentlich aufwendigere Fassadenkonstruktion entworfen, die aus einer Aluminiumpfosten- und Riegelkonstruktion mit eigenem Fensterrahmen bestand (siehe Detailplan 2, Bild 10).

Sowohl die Maßtoleranzenproblematik wie auch die Entwässerung und Belüftung zumindest der Glasfalze waren damit berücksichtigt. Auch die vielfachen Funktionen der Anpreßleisten waren dadurch vermindert. Die stark minimierte, unzureichend funktionsfähig ausgeführte Fassade ist das Ergebnis von Kosteneinsparungswünschen. Hier liegt daher die allgemeinere Ursache des Schadens. Die am Bau Beteiligten haben diesem Kostendruck nachgegeben und sich auf die beschriebenen Risiken eingelassen, ohne Bedenken anzumelden.

In einer solchen Situation kann sich der durch den Bauherrn verursachte Kostendruck nur in zweifacher Hinsicht entlastend

10 **Detail 2: ursprünglich projektierte Fassade, Vertikalschnitt durch den Brüstungsbereich**

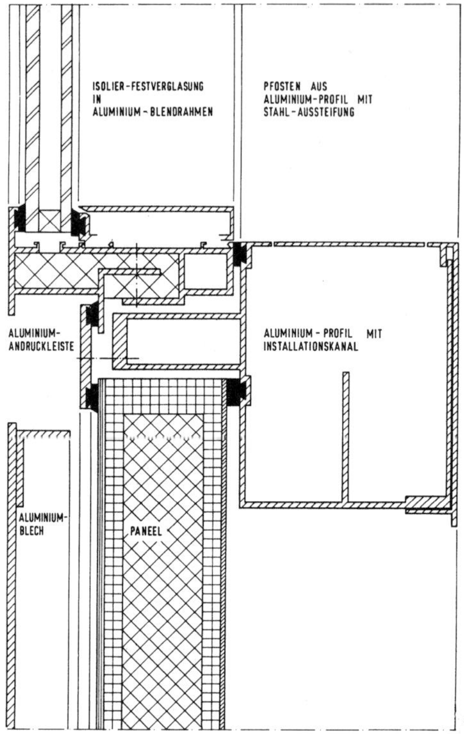

10

auf die Verantwortlichkeit und die zu tragenden Nachbesserungskosten der Planer und ausführenden Firmen auswirken:
– Die Ohnehin-Kosten einer von Anfang an aufwendigeren Konstruktion müssen vom Bauherrn getragen werden.
– Ist der Bauherr so fachkundig, daß er die durch seine Einsparungswünsche hervorgerufene verminderte Leistungsfähigkeit der ausgeführten Konstruktion selbst erkennen kann, so trifft ihn ein Mitverschulden.

Diese beiden entlastenden Momente sind jedoch meist für die am Bau Beteiligten nur ein schwacher Trost.

Leider sind die Übergänge zwischen risikoarmen und risikoreichen Konstruktionen häufig fließend. Den Beteiligten wird daher meist im hektischen Trubel der Planungs-, Ausschreibungs- und Vergabephasen nicht klar bewußt, wann bei Minimierungsüberlegungen die Grenzen zum unkalkulierbaren

Risiko überschritten werden. Dies gilt besonders für Konstruktionsbereiche, für die keine allgemein anerkannten technischen Regeln formuliert vorliegen. Gerade bei Einsparungsentscheidungen in diesem Bereich ist daher die höchste Wachsamkeit gefordert.

Literaturhinweise

Im Hinblick auf die Abdichtungsproblematik von Vorhangfassaden sind Literatur und Regelwerke spärlich. Das Know-how wird hier von den Firmen als Wettbewerbsvorteil gehütet. So ist es mir in zurückliegender Zeit nicht gelungen, einen namhaften Vertreter der Fassadenbaufirmen als Referenten für die Aachener Bausachverständigentage zu gewinnen, um über die hier dargestellten Probleme fachkundig zu berichten.

DIN 18 361 – Verglasungsarbeiten – macht nur spärliche Angaben. Wichtig sind die bereits angesprochenen Technischen Richtlinien des Glaserhandwerks Nr. 13 »Verglasen mit Dichtprofilen« 2. Ausgabe 1987 (Verlag K. Hofmann, 73614 Schorndorf, Postfach 1360) und die Verglasungsrichtlinien der Isolierglashersteller.

Eingangs zitiert wurde: Schmitz, H.; Meisel, U.; Gerlach, R.: Baukosten 89/90 Preiswerter Neubau von Ein- und Mehrfamilienhäusern, 5. Auflage, Essen.

Register